添富书库
CUAM COLLECTION

汇添富基金·世界资本经典译丛

货币、通货膨胀与商业周期

——坎蒂隆效应与经济

阿尔卡迪乌什·西埃侬（Arkadiusz Sieroń） 著
沈国华 译

上海财经大学出版社

图书在版编目(CIP)数据

货币、通货膨胀与商业周期:坎蒂隆效应与经济/(波)阿尔卡迪乌什·西埃依著;沈国华译.—上海:上海财经大学出版社,2022.1
(汇添富基金·世界资本经典译丛)
书名原文:Money,Inflation and Business Cycles:The Cantillon Effect and the Economy
ISBN 978-7-5642-3568-0/F·3568

Ⅰ.①货… Ⅱ.①阿… ②沈… Ⅲ.①通货膨胀-研究 Ⅳ.①F820.5

中国版本图书馆CIP数据核字(2020)第109323号

□ 责任编辑 温 涌
□ 封面设计 南房间

货币、通货膨胀与商业周期
——坎蒂隆效应与经济

阿尔卡迪乌什·西埃依 著
(Arkadiusz Sieroń)
沈国华 译

上海财经大学出版社出版发行
(上海市中山北一路369号 邮编200083)
网 址:http://www.sufep.com
电子邮箱:webmaster@sufep.com
全国新华书店经销
上海叶大印务发展有限公司印刷装订
2022年1月第1版 2022年1月第1次印刷

787mm×1092mm 1/16 10.5印张(插页:2) 171千字
定价:52.00元

总序

书犹药也，善读之可以医愚。投资行业从不乏聪敏之人，但是增智开慧乃至明心见性才是成长为优秀投资人的不二法门，读书无疑是学习提升的最佳方式。

常有人说投资是终身职业，但我认为投资更需要终身学习。很多人投资入门多年，依然不得其道；终日逡巡于“牛拉车不动，是打车还是打牛”的困境，不得要领。从业多年，我接触过太多这样的投资人士，个中缘由不尽相同，但有一点却非常普遍：或是长期疏于学习，或是踏入“学而不思则罔”的陷阱。

我认为，学习大致有三个层次，亦是三重境界：

第一重是增加知识，拓展基础的能力圈。着眼点是扩大个人对于客观世界的认知积累，这是大多数人的学习常态，这一重固然重要却不是学习的本质。

第二重是提高逻辑，改进个人的认知框架。达到这一境界，已经可以将刻板知识灵活运用，但仍然仅可解释过去却无法指向未来。

第三重是强化洞见，思考从个人出发，无视繁复的信息噪声干扰，穿透过去、现在和未来，最终开始正确地指导现实世界。在这一境界，学习已不只是追求知识，更是追求“知识的知识”。这是无数积累之后的茅塞顿开，更是质量互变之际的醍醐灌顶，不断思考感悟尤为重要。

书籍浩如烟海，书中智慧灿若繁星，而若能由自己抽丝剥茧得到“知识的知识”，将会终身受益。二十多年前，我还是一名上海财经大学的普通学生，对投资有着浓厚的兴趣，可惜国内的投资业刚刚起步，相关资料远没有今天互联网时代这样发达，此时财大的图书馆像是一个巨大的宝库，收藏着大量有关投资的英文原版书籍。我一头扎进了书丛，如饥似渴地阅读了许多经典，通过这一扇扇大门，我对西方资本市场发展窥斑见豹，其中提炼出的有关投资理念、流程、方法的内容潜移默化地影响并塑造了日后的我。时至今日，常有关心汇添富的朋友问起，为什么根植于国内市场的汇添富，投资原则和方法与外资机构如此类似？我想多少应该与我当年的这段经历有关。

今天，我依然非常感恩这段时光，也深深地明白：那些看过的书、走过的路对一个人的人生轨迹会产生多大的影响，特别是在以人才为核心的基金投资行业。今年恰逢中国基金行业二十周年，二十年斗转星移，正是各路英杰风雨兼程、夙兴夜寐才有了今天的局面，汇添富基金是见证者，也有幸参与其中。这些年，我总试图在汇添富重现当年我学生时的氛围，鼓励同事们有空多读书、读好书、好读书。在此，奉上“汇添富基金·世界资本经典译丛”以飨读者，希望大家能够如当年懵懂的我一般幸运：无论外界如何变化，我们都可以不断提升进化自己。

是以为序。

张　晖

汇添富基金管理股份有限公司总经理

2018 年 12 月

谨把此书献给我的家人

序 言

有谁会觉得货币不重要？经济学家还没有充分探讨有关货币通胀与坎蒂隆效应之间关系的问题，也就是关于货币供应量不均匀变化导致分配和价格效应及其对经济影响的问题。

本书填补了现有文献中这个重要的空白。作者对新增加的货币供应量据以流入经济实体的各种不同渠道进行了分类，并且论证了不但货币供应量增加会产生重要影响，而且货币供应量增加途径也很重要。由于货币供应量的增加并不是在同一时间、同比例影响全部经济实体的现金余额——新增货币要通过特定渠道流入经济，因此会影响收入分配，并且导致相对价格和生产结构发生变化。

有关货币供应量增加的研究是根据理查德·坎蒂隆（Richard Cantillon）的分析思路进行的，这方面的研究提供了一个重要的分析框架，促进了经济学内部多个分支学科的发展，并且加深了我们对许多经济过程的理解。此外，这方面的研究不但对货币和通货膨胀、商业周期和价格泡沫理论，而且还对银行和中央银行、收入分配、收入和财富不平等理论以及公共选择理论进行了深入的探讨。

因此，本书在有关货币因素对经济的作用以及宽松货币政策的影响和合理性的辩论中发表了重要的观点。2017 年，作者写作本书所依据的博士论文获得了“波兰总理奖”(Polish Prime Minister's Prize)。在经合组织国家没有标准的货币政策以及收入不平等问题日益加剧的今天，本书由于关注货币通胀的分配效应而得以成为研究人员和政策制定者以及任何从事货币经济领域工作的人士必须阅读的专著。

致谢

首先要感谢维托德·瓦斯尼基（Witold Kwasnicki）教授和马特乌斯·马查耶（Mateusz Machaj）博士。如果没有他们二人，本书几乎不可能问世。还要感谢达利乌斯·菲拉（Dariusz Filar）和斯坦尼斯劳·鲁道夫（Stanislaw Rudolf）教授给笔者的博士论文提出了宝贵的修改意见，从而大大提高了本书的质量。

此外，要感谢卡西雷尔（Cassirer）研讨会的全体与会者，他们采取批评的态度提出了非常宝贵的评论意见。还要感谢路德维希·冯·米塞斯研究所（Ludwig von Mises Institute）在2014年慷慨地把暑期奖学金发给笔者，使笔者能在这一年完成坎蒂隆效应的部分研究。

最后，要感谢笔者所爱的人，他们给了我无穷的支持。

引言

亲爱的读者，请想象一下！假如一架直升机（或者，如果您比较喜欢现代玩意儿，那么就是一架无人机）飞过您所在城镇的上空往下撒钱。我们假设这架直升机以一种特殊的方式往下撒钱，崭新的纸币和叮当作响的硬币正好在同一时间从空中落下，从而使这个城镇的每个居民拥有的货币都增加了一倍。您觉得这个城镇居民的贫富会发生怎样的变化呢？

如果您回答说“总体而言，没有发生任何变化”，那么，笔者就要恭喜您，因为您的想法与经济学诺贝尔奖获得者、以上这则小故事的作者米尔顿·弗里德曼（Milton Friedman）完全相同。这个城镇每个居民的钱包将有原来的两倍那么鼓。虽然他们很可能想要花掉这些意外获得的现金，但从整个经济的角度看，这个城镇（假设这是一个封闭的城镇，并且与其他城镇没有贸易往来）的货币总量不会减少。因此，增加支出会导致物价上涨，但经济最终会在名义工资和名义价格翻倍，而实际工资和实际价格不变的情况下找到新的均衡点。因此，我们可以说“货币中性”——货币供应量的增加不会影响实体经济变量，而只会影响名义变量。

以上这个例子的问题在于它并不现实。在现实世界里，绝不可能发生直升机（或无人机）撒钱的事情，但这并不是问题的关键。问题的关键在于，货币供应量的变化不会同时、同比例地影响各种商业实体的现金余额。恰恰相反，新增加的货币完全通过所选定的渠道流入经济，从而导致收入分配发生变化，进而导致相对价格和生产结构做出调整。这样，货币就不再中性，即使在长期内也是如此。这种现象称为“坎蒂隆效应”（Cantillon effect），又称“首轮效应”（first - round effect）。“坎蒂隆效应”就是读者现在捧在手中阅读的书要谈的问题。

本书是笔者在维托德·瓦斯尼基教授和马特乌斯·马查耶博士（助理导师）指导下完成的博士论文《从坎蒂隆效应的视角看货币供应量增加的影响效应》（The Effects of Money Supply Growth from the Perspective of Cantillon Effect）的修订本。2016 年 10 月，笔者在弗罗茨瓦夫大学经济学院（Wroclaw University of Economics）以优异的成绩通过了论文答辩。2017 年，这篇论文获得部长会议主席奖提名，并最终获得这个奖项。因此，笔者把这篇论文中先后在国内外学术期刊上发表过的章节部分收录了本书。

笔者在写博士论文时受到了斯库森（Skousen，1990）关于“深化或延长生产结构有几方面的实际问题”的观点以及韦尔塔·德索托（Huerta de Soto，2006）关于“新增加的货币有可能并不只是通过银行及其狭义的信贷渠道注入经济”的建议的启发。原先，笔者打算研究商业周期是否受到货币注入经济的方式、新增货币注入者（由谁注入）、新增货币获得者（由谁获得）及其支出方式的影响。最初，笔者把这些问题作为有松散关系的问题来处理。但后来，笔者发现坎蒂隆效应（本书的第二章对这种效应进行了更加精确的定义——现在，笔者请求读者再耐心等一会儿）在每种情况下都会产生作用，但只不过是在新创货币扩散的不同阶段产生作用。

笔者开始追踪货币注入经济后的流动轨迹，但并不是为了发现腐败丑闻，而是想回答把货币通过不同渠道注入经济的方式各不相同的问题。虽然自从“货币主义反革命”以来，经济学家确实已经开始注意到货币的重要性，但他们对货币通胀及其对商业周期影响的分类研究并不感兴趣。我们很难确切地说清现有文献没有系统报告坎蒂隆效应的原因，或许是因为现有文献太过关注造成货币非中性的其他原因，如信息不完善或价格刚性，也有可能是因为理查德·坎蒂隆（Richard Cantillon）的著作遭到了忽视——虽然坎蒂隆在亚当·斯密之前就已经完成了自己的著作，但亚当·斯密如今毕竟被广泛誉为“经济学之父”。

不管怎样，笔者就是在这位爱尔兰经济学家极有可能于 18 世纪 30 年代完成并在几十年后才出版的名为《商业性质概论》（*Essay on the Nature of Trade in General*，Cantillon，1959［1755］）的专著中找到了写博士论文的起点。更重要的是（希望读者不会认为这是笔者不谦虚的表现——但有关这一主题的文献确实非常稀缺），这是第一本如此深入研究坎蒂隆效应并对它进行如此广泛讨论的专著，也是第一本对货币通胀及其对商业周期的影响进行如此详细分类研究的著作。本书还是第一部对新增货币注入经济可用的不同渠道进行系统分类——包括根据信贷扩张方式对商业周期进行分类——的著作。

在一方面推行非标准化的宽松货币政策，另一方面经济合作与发展组织成员国国内收入不平等问题日益加剧的情况下，研究货币通胀的分配效应这个被已有文献遗忘的主题，具有特别重要的意义。

本书主要论述货币和通货膨胀理论领域的问题，并且介绍了关于货币因素在经济中的作用的重要辩论的现状。不管怎样，本书应该——至少笔者这么希望——能够唤起读者对商业周期理论、价格泡沫理论、收入分配理论甚至经济思想史的兴趣。

笔者在这本书中探讨了坎蒂隆效应可能产生的各种影响。根据奥地利学派取得的相关学术成就，笔者认为，由于这种效应，货币并非中性，甚至从长远看也不是中性。笔者还试图证明，对于经济来说，重要的不仅仅是增加货币供应量，增加货币供应量的方法也很重要。这是因为，货币通胀的不同传导渠道会促成不同形式的坎蒂隆效应（它们以不同的方式影响收入、价格和生产结构），而不同形式的坎蒂隆效应会对包括商业周期在内的实体经济现象产生不同的影响。

笔者斗胆断言，本研究之所以重要，不仅有其理论上的原因，而且因为它对商业实践和广义的经济政策具有影响。通过更加细致地分类分析信贷扩张（也就是根据新增货币流入经济以后以怎样的方式流向何方，对信贷扩张进行分类），更好地理解商业周期和所谓的商业周期次要特征，也许不但从纯粹的认知角度看是有价值的，而且对于投资者和负责制定货币政策的决策者来说也是有价值的。毕竟，坎蒂隆效应不但（就像许多研究者认为的那样）会导致货币供应量在短期发生实际变化，而且会导致货币供应量在长期发生实际变化。更重要的是，首轮效应削弱了经济学家关注一般价格水平的理论基础，但也许能解释许多经济现象，如价格泡沫、商业周期、收入和财富不平等程度加剧。因此，仔细研究货币供应量增加的结果，似乎是讨论扩张性货币政策的效应和效度的关键。

本研究基本上是理论研究，但对研究得出的结论与各国（但由于数据的可获得性，因此主要是美国）货币通胀重要历史和当代案例的统计数据进行了比较。

本书大致分三个部分。第一部分是理论介绍，笔者先介绍各种货币中性概念（第一章），然后对坎蒂隆效应进行了定义（第二章），最后阐述坎蒂隆效应在经济思想史上的重要地位（第三章）。这样的分析允许笔者在一个更大的历史和理论背景下适当论述坎蒂隆效应。

在第二部分，笔者根据新增货币注入经济的不同渠道对坎蒂隆效应进行了分类，甄别了增加货币供应量不同机制会导致坎蒂隆效应出现的差异，并且阐述了这种差异对经济和商业周期的重要意义（第四章）。

第三部分集中阐述信贷扩张过程中的首轮效应。在这一部分，笔者阐释了坎蒂隆效应在信贷扩张中的作用（第五章），分析了坎蒂隆效应与商业周期次要特征（第六章）、价格泡沫（第七章）以及收入和财富不平等问题（第八章）之间的关系，并且考察了首轮效应的国际表现（第九章）。

本书的最后一章对全书所做的分析进行了总结，得出了一些关键的结论，并提出了深入研究坎蒂隆效应的方向。笔者在书末加了一个附录，简要介绍了理查德·坎蒂隆的生平和他对经济学理论的贡献，希望这个附录有助于对这位经济学家所取得的学术成就做出比较全面的评价。

目 录

第一章　货币中性[1]

坎蒂隆效应是在货币中性争论中提出的一个重要论点。在详细讨论坎蒂隆效应之前,笔者想解释一下经济学家在说货币中性时是要表达什么意思,从而为正确理解首轮效应提供必要的背景资料。

宽泛地说,货币中性是指货币现象不会对实体经济变量产生影响。货币是否中性的问题——如果货币非中性,那么会以何种方式影响实体经济世界——是不同经济学派都必须解决的核心经济问题之一。不过,货币现象可以从不同的角度来审视,从而导致有不同的货币中性概念存在。因此,我们在开始讨论货币中性问题之前,应该对货币中性进行比较精确的定义。货币中性可以被理解为这样一种状况:货币的存在不会对经济运行产生影响,货币数量不会对实体经济繁荣产生影响,货币供应量的变化在过渡时期不会对实体经济变量产生影响,货币供应量的变化速度不会对实体经济世界产生影响,或者既无货币需求过剩,又无货币供给过剩。表 1.1 列示了上述各种货币中性状况——下面让我们逐一对它们进行分析,并证明经济学家经常错误地区分根据某个货币中性概念得出的结论和根据另一个货币中性概念得出的结论。

---

〔1〕 本章的内容曾用波兰语发表过,并且西埃依(Sieroń,2014)略有不同。

表 1.1　　不同类型的货币中性

货币中性类型	影　响
制度性中性	货币的存在不影响经济运行
静态中性	货币数量不影响实体经济繁荣
动态中性	货币供应量变化不影响实体经济变量
超级中性	货币供应量增加速度的变化不影响实体经济变量
货币性中性	货币市场达成均衡,也就是说,用货币流通量乘以流通速度表示的 *MV* 恒定不变

资料来源:作者绘制。

制度性中性[1]

根据第一种观点,货币中性被定义为货币经济就像易货经济那样运行的状况。[2] 换句话说,在这个定义中,货币"只是一层可以被摘去的'面纱',而对相对价格则可以像经济系统建立在物物交换基础上那样进行分析"(Lange,1961)。易货市场,由于被认为缺乏"摩擦",因此是分析货币因素对经济影响的标准基准(Hayek,1935,pp. 130－131)。这种观点的问题在于,易货经济在现实中也存在巨大的摩擦——这是驱使人类使用货币的原因之一,因为使用货币能使交易变得更加快捷、方便。换句话说,对货币经济与易货经济这两种本质上不同的事物进行比较,没有任何意义,因为易货经济如果真的没有"摩擦",那么我们就没有理由使用货币(Visser,2002)。

这种分析方法被熊彼特(Schumpeter,2006)称为"实体分析法"(与"货币分析法"相对应),古典经济学家和新古典经济学家常使用这种分析方法。古典经济学家和新古典经济学家坚持认为存在所谓的"经典二分法"问题,也就是说,名义变量可以与实体经济变量完全分开分析。因此,他们仅仅把货币作为只影响

〔1〕 萨缪尔森(Samuelson,1968)用"质量中性"(qualitative neutrality)这个术语来描述货币的存在与经济系统无关的情况。

〔2〕 在某种程度上类似于威克塞尔(Wicksell,1978)的利率中性理论,即一种市场利率等于自然利率——由于实物资本品供求相互作用在易货交易中形成的利率——的情况。在这种情况下,总体价格水平就如威克塞尔所说的那样是稳定的,在他看来,这就意味着中性。然而,正如哈耶克所表明的那样,这只意味着影响总体价格水平的货币因素的缺失。在发展中经济体里,由于生产力提高,商品价格有下降的自然趋势,因此,为了保持价格稳定,有必要降低利率、增加货币供应量(Hayek,1935)。

名义价格的计价手段，而相对价格——在他们看来——完全由实体经济变量来决定(Mill,2009[1848])。

米塞斯(1998 [1949],p. 203)用如下语气描述这种方法：

> 可以说，整个交易经济学理论都可以在只有直接交换的假设下进行阐述。一旦做到了这一点，唯一要再做的事情就是“简单”地把货币项添加到复杂的直接交换定理中。

换句话说，秉持这一传统的研究者坚持认为，货币的引入除了方便商品交换以外，不会以任何方式改变经济现实；这种交换涉及两起独立的交易。[1]

这种观点的错误主要是由对货币性质[2]的误解造成的，因为它没有认识到货币是一种商品，货币价值的确定方式与其他商品或服务价值的确定方式相同。货币不仅是遮掩实体经济的“面纱”或者流通“大轮毂”(great wheel of circulation,Smith,1904[1776])，也是一种每个市场参与者都想要的商品。市场参与者之所以都想要货币这种商品，是因为货币在不确定的世界有它的用途，并且能使经济核算成为可能，而经济核算反过来又能促进经济发展。

更重要的是，货币作为一种一般交换媒介，影响着所有其他市场。换句话说，运用易货经济的思维过程本身并没有错，而且对于理解经济的某些问题也是不可或缺的。然而，经济学家经常基于这种思维过程得出错误的结论，这方面的一个例子就是中性货币概念本身(Mises,1998[1949])。[3]

静态中性

第二种观点从静态比较分析的视角认为货币中性，这就意味着社会福利并

---

[1] 对于其他经济学家——主要是后凯恩斯学派的经济学家(如 Laidler,2010)——来说，在时间上把购买商品和服务与销售商品和服务分离开来的能力是两种经济系统的根本区别：这种努力在货币经济中表现为对商品的需求不再自动等于供给(Hayek,1935)。

[2] 虽然从理论的角度看，对货币供应量变化的分析首先需要了解它的本质，但有人可能会说，事实上，这些关于货币通胀对经济影响的观点已经促使一些经济学家接受错误的货币概念。古典经济学家——尤其是大卫·李嘉图和约翰·斯图亚特·穆勒(John Stuart Mill)——可能已经指出存在一种古典二分法，“从而反对他们的重商学派前辈的原始通货膨胀论”(Blaug,1985,p. 637)。我们在这里可以看到未经授权把运用货币供应量变化只影响价格的动态观(笔者将在本章后面讨论这个问题)得出的结论应用于对货币经济和易货经济进行的比较分析。

[3] 哈耶克(1984)认为，货币中性概念是作为理论分析工具提出的，不应该被用作制定货币政策的基准。

不取决于个人拥有的名义货币数量，而是取决于货币的购买力——货币可以购买的商品数量。按照弗里德曼(Friedman，1969b)的说法，这是货币数量理论的本质。历史上，约翰·洛克(John Locke)确实创立了这种理论(货币数量论认为，货币供应量的增加只会导致价格上涨)。约翰·洛克创建货币数量论，在一定程度上是为了回应重商学派认为财富由黄金数量本身决定的观点。[1] 重商学派的财富观显然是错误的，因为"社会总在享受通过使用货币可获得的最大效用"(Mises，1953[1912]，p. 142)。

不管怎样，这种说法只有在静态比较分析中才是正确的。正如米塞斯(1953[1912]，p. 145)随后又说的那样：

> 如果我们比较两个静态的经济系统——除了其中一个经济系统的货币数量比另一个经济系统的多一倍外，两个经济系统在其他方面完全相同，那么那个货币数量多一倍的经济系统的单位货币购买力必然等于另一个经济系统单位货币购买力的一半。但是，我们并不能由此得出货币数量增加一倍必然会导致单位货币购买力下降一半的结论，因为货币数量的每一次变化都会给静态的经济系统带来一个动态因素。

遗憾的是，许多经济学家从静态比较分析中得出了错误的结论。他们认为，从长期看，货币供应量的变化是中性的。正如布劳格(Blaug，1985，p. 19)正确地指出，"这种在静态比较分析与动态比较分析之间出现的混淆，在经济学研究史上屡见不鲜"。

动态中性

到目前为止，笔者都是从静态分析的视角讨论货币中性的概念。第一种观点旨在评估货币的存在是否会对实体经济世界造成任何干扰，而第二种观点则旨在评估经济系统中的货币数量是否真的很重要。第三种观点——通常与货币

---

〔1〕 这种观点也可以表述为：重商学派认为，货币供应量的变化会影响交易量，而不是价格(Blaug，1985)。

中性联系在一起——关注的是货币供应量的变化。[1] 因此,从对货币中性概念的分析中得出的结论对于货币政策具有非常重要的意义。

根据第三种观点,如果货币供应量的任何变化仅仅导致名义价值的同比例变化,那么就说明货币中性。货币非中性显然意味着相反的情况,即货币供应量的变化影响生产或就业等实体经济变量的情况。货币非中性是多种因素共同作用的结果。图 1.1 列示了一些造成货币非中性的最重要因素。

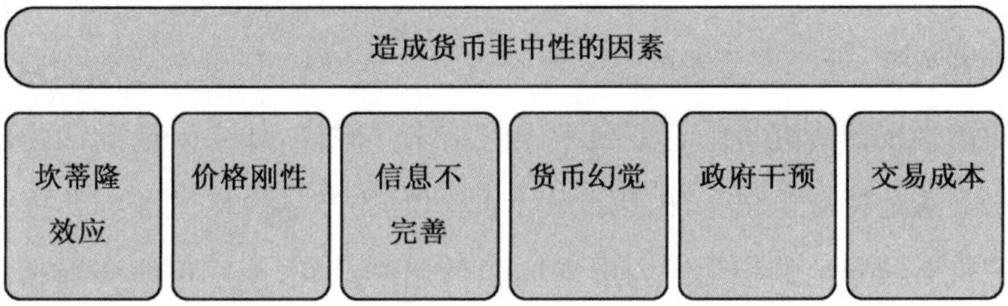

资料来源:作者绘制。

图 1.1　造成货币(动态)非中性的关键因素

从图 1.1 中可以清楚地看到,为了使货币供应量变化只影响名义变量而不影响其他因素,我们必须满足以下几个条件:

第一,新增货币必须同时、同比例增加全体经济实体的现金余额。这个条件假设没有坎蒂隆效应存在,也就是说,货币供应量不均匀变化并不会导致价格—分配效应,因此,新增货币只有通过某些渠道才能进入经济系统这一事实也不会导致价格—分配效应。但是,如果真有坎蒂隆效应存在,那么,一部分人,也就是那些最先获得新增货币的人,能够在价格还没有变化的环境中消费他们新获得的货币。位于这条"货币食物链"下游的人,在新增货币最终到达他们手中的时候只能面对已经上涨了的价格。正如我们可以看到的那样,货币供应量不规则的增加不仅会导致收入和财富分配发生变化,还会导致相对价格结构发生变化

〔1〕 区分货币名称的变化和货币数量的变化十分重要。货币面额的影响——或者更确切地说,这种现象对实体经济范畴影响的缺失——常常被用来证明货币数量理论的正确性。例如,费雪(1922)就这样做过,他——作为经济中货币数量可以如何变化的一个例子——描述了一种政府使货币面额翻倍,从而使得原来的半美元变成了一美元的情况。同样,弗里德曼(1969a)也声称,把货币单位乘以 100,除了导致价格同比例上涨外,不会导致任何其他变化。然而,正如米塞斯(1953[1912])指出的那样,改变货币面额不同于改变货币数量。两者的一个基本区别就是,新增货币总是通过特定的渠道进入经济——不会导致全部的已有货币余额发生同比例的变化,但货币面额发生变化,会对全体货币持有者产生同比例的影响。此外,我们很难把"半美元"的货币面额变成"一美元"看作货币数量增加。从某种意义上说,这就意味着把货币面额本身当作了货币。

(货币供应量增加的第一批受益人购买的商品,等到后来获得新增货币的人购买时,其价格已经上涨)。

第二,我们必须明白这样一个事实:譬如说,货币供应量均匀增加。现在,每个人可支配的现金增加了一倍。举例来说,如果卖家没有预期消费者会花两倍的钱来购买他们的商品,那么他们就不一定会马上提高商品的价格。我们还必须明白货币供应量的变化如何影响商品价格。换句话说,要想使货币供应量的变化只影响名义价值,那么每个人都应该有充分的信息和合理的预期。我们以雇佣劳动者为例,他们把工资的名义增长视为实际增长,因此同意增加自己的工作量。货币学派曾研究货币幻觉会产生的结果。同样,如果制造商认为他们的产品价格上涨是相对价格上涨,因此没有把他们的产品价格上涨与弗里德曼笔下的直升机撒钱导致的货币供应量增加联系起来,那么他们可能会提高自己的产量。新古典经济学曾讨论信息不完善的结果和由此而产生的"货币意外"(money surprise)。

第三,所有价格都必须同时变化,就像瓦尔拉斯一般均衡模型所要求的那样。否则,相对价格结构就会发生变化,从而影响供给和生产要素配置。因此,我们需要的不仅是所谓的价格刚性,还需要每个人同时以相同的价格弹性花掉自己手中名义上增加的现金余额。[1] 充分的价格弹性还意味着有关货币供应量变化的信息不仅应该是完善的,而且应该是"可追溯"的。[2] 换句话说,在长期合同的情况下,货币供应量的每一次意外增长都会导致实体经济变量发生变化。新凯恩斯学派论述了价格刚性对于货币供应量变化后调整过程的重要意义。[3]

第四,必须假设商业实体的支出结构不变。因此,为了避免任何实际影响,商业实体必须按照与以前相同的比例把新获得的资金(货币)配置于消费和投资(包括现金余额),而且要把它们配置于具体的商品和服务。

第五,要想在弗里德曼(1969a)描述的情境中让货币保持中性,我们就必须假定,非预期的收入增加是奇异事件(或者说,非预期收入增加发生在预定的时

---

〔1〕 凯尔恩斯(Cairnes,1878)指出,由于价格弹性不同,因此不同商品的价格不会以与货币供应量增加相同的速度进行调整。

〔2〕 笔者要感谢马特乌斯·马查耶(Mateusz Machaj)博士贡献了这个词。

〔3〕 瑞宗卡(Rzońca,2014)指出,中央银行用来分析经济形势的新凯恩斯主义分析法没有考虑不确定性、货币和信贷,而是强调了价格刚性的重要性。

期,而且货币供应量的增量已知)。否则,直升机来撒钱的不确定性就有可能影响商业实体的现金余额,从而影响经济的实体范畴。换句话说,必须不存在任何影响稳定的预期。就如同从上面的例子可以看到的那样,正确的预期在货币中性的假设中扮演着重要的角色。但是,为了让货币保持中性,商业实体不但要掌握货币供应量增加和一般价格水平上涨的信息,而且应该知道货币在经济中流动的详细情况。〔1〕

第六,货币中性可能只是指法定货币中性,也就是没有内在价值的通货的中性,这种货币本身不是上市商品,也不能主张上市商品(Zijp and Visser,1994)。如果我们把黄金作为货币,那么这一点就显而易见——如果黄金供应量增加,它的购买力就会下降,从而降低金矿的利润率,并且会增加对非货币用途的黄金使用量,这反过来又会影响相对价格结构。

第七个条件看起来显而易见,那就是没有政府干预,如政府不实施价格管制,或者不规定销售配额。坎蒂隆(1959[1755])重新提到了英国禁止进口牛肉的禁令,并从这个例子中得出结论认为,如果消费者的需求因货币供应量的增加而增加,那么,牛肉的价格相对于面包的价格就会上涨,因为仍可以从国外进口比较便宜的谷物来替代国内因通货膨胀而变得较贵的谷物。此外,税收因为是按名义收入计征的,所以会对坎蒂隆效应的作用产生重大影响。一个明显的例子是,由于收入得到了名义上的增长,因此,即使实际收入保持不变,税率也会变相提高。

第八个条件是,银行部分准备金制度下的货币中性需要现金与存款之间保持固定的关系(Saving,1973),因为人们在自己的银行账户中存的钱越多,银行就能创造越多的贷款,从而影响投资和生产。由此可见,不但(广义的)货币数量很重要,而且货币结构(基础货币与货币替代品)也非常重要。〔2〕

第九个条件要求不存在与储存和运输大量货币相关的交易费用,或者与更换价目表有关的费用(即所谓的“菜单成本”)。否则,即使是在名义价格立即发生同比例变化的情况下,我们的一些实物资产也会被用来支付这些费用,从而对

---

〔1〕 下一章将对这个问题进行更加详细的论述。

〔2〕 换句话说,重要因素不仅包括新增货币由谁获得,而且包括以何种形式获得。换言之,广义地讲,新创造的货币采取什么形式,这一点极其重要。从某种意义上讲,这个问题等同于坎蒂隆效应,即新增货币如何——如通过金矿、公共支出,或者通过创造存款的商业银行——注入经济的影响。

相对价格和生产结构产生明显的影响。[1]

显然,上述这么多条件不可能全部得到满足。我们很难想象,在一个经济体中,每个实体都对创造货币做出同样的贡献(这是货币供应量在社会中均匀增长的一个必要条件),每个人都掌握充分的信息,而且所有的交易都是当场完成的现货交易(没有长期合同)。因此,当经济学家持动态观谈论货币中性时,他们只是指在很长一个时期里货币中性。虽然货币在短期内并不中性确实是被普遍认同的观点,但不同的经济学派对这一现象有不同的解释。例如,弗里德曼谈到了货币幻觉,新古典学派把货币在短期内并不中性归咎于信息不完善,而新凯恩斯学派则批评价格刚性。但是,所有这些学者或者学派的共同点在于,他们把因货币数量变化而导致的实体经济发生的变化看作一种"过渡时期"的现象;等过渡时期结束后,经济就会回归之前的增长路径。众所周知,这种所谓的"临时"效应可以持续长达十年之久(Fisher,1922),因此,我们确信货币政策至关重要。有一种观点——最早可追溯到休谟(Hume,1987a[1742])——认为,通过不断增加货币供应量,就有可能保持可归因于货币通胀的想要的结果[2],并无限期地推迟过渡时期的结束。

从某种程度上说,奥地利学派持一种对立的观点。奥地利学派把坎蒂隆效应看作造成货币在短期内并不中性的最重要原因,但又不认为实体经济变化在长期内有点模糊不清。[3] 相反,他们认为,货币现象会导致实体经济发生永久性变化。[4]

---

[1] 阿施海姆和谢(Aschheim and Hsieh,1969,in Zijp and Visser,1994)还提到了另外两个条件:静态价格预期和无投资组合效应(即商业资产组合不会因货币供应量的变化而发生变化)。后一个条件似乎会阻碍公开市场操作,而静态价格预期与完全的价格弹性条件不相容——在此基础上,阿施海姆 (Aschheim,1973,in Zijp and Visser,1994)得出了"货币中性要求……货币缺失"的结论。

[2] 例如,如果工资调整滞后于其他价格调整,可以说货币供应量的增加会对生产和就业产生积极的影响。古典学派学者还引用过另外一个论点:也许是由于货币购买力下降,以租金、税收和贷款形式存在的实际负担的减轻会鼓励企业家(通常是净借款人)增加产能(Humphrey,1991)。

[3] 那么,奥地利学派感兴趣的是动态市场过程研究,而不是均衡状态研究这个事实产生了什么结果呢?奥地利学派认为,均衡状态是经济目标,但经济系统由于是不断变化的,因此永远也无法达到均衡状态。换句话说,奥地利学派对研究长期或均衡状态不感兴趣,他们只分析真实的经济过程,即许多短期过程的演替。虽然奥地利学派也认为实体经济范畴最终会适应货币数量变化(这就是奥地利学派解释危机阶段的方式——市场力量必然会对货币范畴的突发事件做出回应),但他们不相信经济会恢复到原先的均衡状态或者回归均衡路径。因此,他们并不认为,货币供应量的增加只会在长期内导致价格同比例上涨。笔者将在本书第二、三、五章更详细地讨论这个问题。

[4] 如果货币供应量的变化伴随着所有货币价格发生相同价值的即刻变化,那么即使货币供应量发生变化,也不会只在一种情况(除了货币需求相应增长以外)下对实体经济变量产生影响(假设没有任何菜单成本)(Mises,1953[1912])。笔者将在本书第三章更详细地介绍奥地利学派经济学家关于货币中性和坎蒂隆效应的观点。

如果对货币动态中性观进行总结，那么就不难发现，虽然主流经济学家明显同意货币重要的观点，但他们仍然专注于诸如“货币流通速度”或“一般价格水平”这样的整体概念，因此不能解释货币价值变化的机理。他们根本不考虑实际决定一切市场现象的商业实体的主观价值评估。正如米塞斯(1953[1912]，p. 142)指出的那样：

> 有些人认为，货币数量变化会导致货币购买力的反比例变化，这种观点的错误之处在于它的出发点。如果我们希望得出正确的结论，那么就必须从不同个体的价值评估开始。我们必须考察货币数量的增加或减少如何影响个体的价值尺度，因为商品交换比率的变化就是从这些方面开始的。有人坚持认为，货币数量变化同比例影响货币购买力。这种观点的初始假设是：如果单位货币的价值翻倍，那么，社会可支配货币存量减半所能产生的效用与以前全部货币存量所能产生的效用相同。虽然对这个命题的正确性没有争议，但这个命题并没有证明它要证明的……即使单位货币价值的变化与货币存量的变化不成比例，社会可支配货币减半能产生的效用也与全部货币存量能产生的效用相同。但值得注意的是，这绝不意味着由此可得出结论：货币数量翻倍就意味着货币的客观交换价值减半。我们必须指出，影响力来自能够引起这种同比例变化的经济主体个体的价值评估。

这种观点否定了研究坎蒂隆效应的必要性。货币数量理论——常被作为证明货币中性的基础理论——假定，生产只受一般价格水平(包括短期和中期)的影响。因此，没有必要分析相对价格的变化，因为只要总体价格水平保持稳定，生产就会保持在“自然”水平上。更重要的是，信奉这一理论的经济学家并没有真正解释一般价格水平的变化如何影响生产，他们似乎满足于仅仅指出这两个总量之间的相关性(Hayek，1935)。[1]

---

〔1〕需要补充的是，自哈耶克时代以来，不但关于这个问题的观点没有发生任何变化，而且对所选定宏观经济变量之间相关系数研究所涉及的理论进行的计量经济学验证甚至还有所增加。1995年度诺贝尔经济学奖获得者罗伯特·卢卡斯(Robert Lucas)在他发表的获奖演讲(1996年)中使用了这种(统计相关性)方法来证明货币数量理论的正确性，这就足以说明问题了。

超级中性

关于货币中性，另外还有超级中性的概念。货币超级中性是指货币供应量变化速度的波动(不再仅仅是货币数量的变化)不会对实体经济变量的水平产生任何影响，并且只会导致名义变量的增长率出现波动。我们很容易发现，货币中性是货币超级中性的先决条件(Brzoza-Brzezina et al.,2002)，但不是充分条件。〔1〕要使货币超级中性，就有必要假设不存在蒙代尔—托宾效应(Mundell-Tobin effect)(Zijp and Visser,1994)。目前，只有真实商业周期理论家认为货币超级中性(King and Plosser,1984)。〔2〕

货币性中性

货币中性的最后一种观点关注不存在货币需求过剩或供给过剩的情况。因此，这种观点运用 M(货币供应量)$\times V$(货币流通速度)$=P$(价格)$\times T$(交易量)这个方程式来进行分析，但并不关心 M(货币数量)增加导致 P(一般价格)同比例上涨的情况，而只关心 M 和 V 的乘积保持不变的情况。换句话说，这种货币中性观关心在某些条件下货币数量变化不影响价格和生产的情况，因为价格和生产仅对货币流通速度变化做出必要的回应；或者说，货币流通速度的变化会完全抵消交易量的变化。

第二个选择是所谓的“流动性陷阱”，而流动性陷阱的第一种情景基于货币需求增加没有同比例的货币供应量增加来满足，从而导致价格紧缩这样一种假设，由此——假定存在价格刚性(尤其是工资刚性)——可能会导致经济萧条。上述推理基于凯恩斯学派的理论或者耶格尔(Yaeger)的货币非均衡理论，即为

---

〔1〕 实际上，大卫·米科瓦伊科扎克(Dawid Mikolajczak)在一次私人谈话中已经很好地指出，如果我们把分析的周期分解成更小的时间单位，那么货币中性就有可能变成货币超级中性的条件。例如，可以把7%的年货币供应量增长率分为2%和5%左右的半年度货币供应量增长率。

〔2〕 真实商业周期学派把观察到的货币总量与生产之间依存关系的因和果颠倒了过来，他们认为，货币供应量的变化是商业银行和货币当局为应对经济中出现的真实干扰因素采取措施所产生的结果(McCallum,1986)。

了维持货币均衡，货币需求增加时就应该增加货币供应量。[1]

小 结

本章介绍了几种货币中性观，说明了对它们进行区分的理由，并且对本章讨论的各种货币中性进行了精确定义。笔者特别关注货币的动态中性，因为它通常被作为货币中性的同义词。笔者不但对货币的动态中性进行了定义，而且提出了货币动态中性必须满足的条件，最后说明了在现实中并不存在造成货币动态中性的原因。笔者在本章还指出，虽然主流经济学通常假定货币在长期内中性，但在讨论短期到中期的周期时，经济学家承认货币供应量变化确实会对实体经济领域产生影响。不过，不同的经济学派对造成这一现象产生的原因持不同的看法。货币学派强调适应性预期的作用，新古典学派同时指向了合理预期和信息不完善，而新凯恩斯学派则主要关注价格刚性。

此外，奥地利学派还强调了“新注入的货币并没有按照个体先前持有货币份额的确切比例在个体之间分配”的情况(Blaug，1985，p. 634)，并且认为，这种情况是造成即使在长期内也不存在货币中性的原因。

最流行的货币中性观中的货币中性概念，是错误地把两种均衡状态静态分析的结论应用于动态市场过程(也就是把假设的市场过程最终结果——如货币供应量的增加会导致价格同比例上涨——与市场本身等同起来)，并且接受不切实际的简化假设[2]和整体主义方法论的结果。因此，在摩根斯特恩(Morgenstern，1972)提出的经济学要解决的 13 个最重要问题中，第 11 个问题似乎仍然没有得到解决；也就是说，不要研究诸如“一般价格水平”这样的总量，而是按照坎蒂隆的分析思路更多地关注对货币的动态分析。

笔者相信，本书朝着摩根斯特恩指明的方向迈进了一步。

---

〔1〕 帕廷金(Patinkin，1969)也持类似的观点，他认为，推行货币政策应该是为了“中和”货币需求的变化，从而使总体物价水平保持稳定。哈耶克(1935)不同意价格水平稳定的假设，而这个假设是当今制定货币政策的基本依据。哈耶克相信，即使总体物价水平保持稳定，货币也会产生实体经济效应。例如，在生产率提高之后，通过信贷扩张增加货币供应，就能使市场利率下降到均衡水平以下。哈耶克认为，这将扰乱相对价格结构。

〔2〕 如果我们假设有一个连续的市场出清和探索过程，那么货币将被排除在这样的经济之外。此外，关于存在匀质资本的假设使得无法研究货币供应量的变化对生产结构的影响，而存在代表性经济主体的假设则实际上排除了存在由不同经济实体回应货币现象所导致的财富分配效应的可能性。笔者将在本书第三章更多地介绍有关这个主题的内容。

第二章　坎蒂隆效应理论[1]

本章旨在对坎蒂隆效应进行理论分析。在这一章里，笔者对坎蒂隆效应现象进行了定义，并且阐述了坎蒂隆效应如何把货币非中性(在前一章提到过)与一般货币供应量变化联系在一起。

“坎蒂隆效应”又称“首轮效应”或“注入效应”(injection effect)，是由马克·布劳格(Mark Blaug)在1962年提出的(Hagemann and Trautwein，1998)。布劳格相当令人费解地把“坎蒂隆效应”表述为“由注入性质决定的现金注入的差动效应”(Blaug，1985，p. 21)。[2] 布劳格用理查德·坎蒂隆的姓氏来命名这种效应。[3] 坎蒂隆是发现这种效应的第一人，他最早是在他自己的《商业性质概论》中论述了这种效应。他的这部论著极有可能是在1730年前后写成的，并且在1755年公开出版(Thornton and Saucier，2010)。

布劳格在他给坎蒂隆效应下定义时强调了这样一个事实：货币供应量的增加会以不同的方式影响经济，具体取决于增加货币供应量的方式。货币供应量

---

[1] 本章的内容以前用波兰文发表过，形式略有不同，如在《最优经济研究》(*Optimum Economic Studies*)杂志上发表的文章《坎蒂隆效应》(Sieroń，2015a)。

[2] 在另一个场合，布劳格(1985，p. 179)写道，坎蒂隆效应表明：“由注入现金导致的价格水平变化因注入性质的不同而不同，而绝对价格变化几乎总是与相对价格变化相关。”

[3] 有些经济学家，包括杰文斯(Jevons)和熊彼特，认为坎蒂隆是现代经济学之父，而他的论著《商业性质概论》则是第一份经济学“公约”(economic treaty)(Hayek，1991；Thornton，1998)。请参阅本书附录中有关坎蒂隆的生平简介。关于坎蒂隆生平的详细介绍，可参阅墨菲(Murphy，1986)。

增加的影响取决于谁是新增货币的首批获得者,以及他们对哪些商品和服务产生需求。新增货币的首批获得者及其支出情况非常重要,因为货币供应量的变化不会同时、同比例地影响全体商业实体的现金余额,从而引起收入分配发生变化,进而导致价格结构和生产发生变化。因此,在本书中,笔者按照布劳格的思路对坎蒂隆效应给出定义:坎蒂隆效应就是由货币供应量不均匀变化导致的分配效应。

我们应该关注以下三点:

首先,笔者在自己对坎蒂隆效应所下的定义中采用"货币供应量变化"(而不是"货币供应量增加")这个词组,因为这些分配效应既可能发生在货币通胀时期,也可能发生在货币紧缩时期。不过,笔者出于对实践和理论原因的考虑,在本书中专门关注流入经济的新增货币产生的影响。"新增货币只有通过特定的渠道,并且只在某些地方流入实体经济——而不是以'货币扩散'的形式均匀地分布在整个经济中"这一事实虽然只对商业周期理论具有更大的理论相关性,但对于阐明经济政策的基本原理也具有重要意义。

其次,货币供应量变化的不均匀性(新增货币通过某些渠道流入经济)意味着,货币供应量的变化——在质和量两个方面——以非常不同的方式影响不同的商业实体。换句话说,不均匀这个属性是造成货币供应量变化——与弗里德曼的直升机撒钱的例子(Friedman,1969a)不同——并非同时、同比例地影响全体商业实体的原因,它会导致社会收入和财富分配发生变化。

最后,收入和财富分配变化会导致相对价格和生产的调整,从而意味着货币供应量的不均匀变化及由此产生的坎蒂隆效应是造成货币非中性的根本原因。笔者将在本章的下一节论述这些概念之间发生关系的方式。

坎蒂隆效应、货币通胀和货币非中性

从理论上讲,货币供应量不均匀变化既不是货币非中性的充分条件,也不是货币非中性的必要条件。说它不是货币非中性的充分条件,是因为货币供应量变化的不均匀性并不能保证货币非中性。请读者想象这样一种情况:新增货币的首批获得者一致决定把他们获得的新增货币全部毁掉。这样的话,他们就不会在市场上行使自己的新增购买力(Hume,1987b[1742]),因此不会抬高价格,也不会导致分配效应。

同样,我们也不能否认这样一种可能性:由于某种奇怪的巧合,货币供应量增加后的社会支出结构及其导致的分配结果仍与货币供应量增加前的社会支出结构和分配结果完全相同。当然,这些都是纯理论的假设。在实践中,我们可以假设,货币供应量变化不均匀,实际上是货币非中性的充分条件。〔1〕

与此同时,货币供应量变化不均匀,也不是货币非中性的必要条件,因为在货币供应量均匀变化的情况下,也可以想象货币非中性。正如笔者在前一章所指出的那样,要想使货币保持中性,还必须满足几个条件,如不存在非理性预期、信息不完善、价格刚性等问题。

显然,货币供应量不均匀变化并不是导致货币非中性的唯一原因。其他原因——如长期合同以及与之相关的价格刚性或信息不完善——也会导致分配效应。但是,这些原因似乎应该与坎蒂隆效应区分开来,原因有三。〔2〕第一,由于理论上的原因,坎蒂隆效应——根据定义——是由货币供应量变化引起的,而不是由价格刚性或信息不完善引起的,价格刚性和信息不完善只能影响坎蒂隆效应的具体传导。换句话说,坎蒂隆效应直接指向货币通胀过程,而价格刚性或信息不完善是经济现实的特征,货币供应量增加就是发生在具有这些特征的经济中。这意味着货币供应量的任何增加都不是中性的,即使没有价格刚性,而且信息完善,也是如此。因此,只要货币供应量增加,无论是否考虑价格形成过程假设、商业实体预期形成以及商业实体持有信息的完善程度等因素,坎蒂隆效应都是造成货币非中性的普遍原因。第二,由于分类方法的原因,不同的经济学派论述了造成货币非中性的不同原因(和结果)。第三,由于历史的原因,正如坎蒂隆在对这种现象的开创性分析中指出的那样,他所关注的正是货币供应量的不均匀增加。

最后,我们应该考虑,货币供应量的增加是必须要通过一定的渠道,还是它仅仅是一个制度问题?而且应该区分货币效应本身与严格意义上是由货币供应量不均匀变化造成的效应。这样,我们就能更好地理解货币供应量增加这一现象的性质。

---

〔1〕 真实情况就是如此,特别是在货币供应量减少的情况下。虽然个人能够销毁新增货币或者把它们扔进大海,但在现金余额不断减少的情况下,他们很难做出类似的举动。

〔2〕 马查耶(2012)没有注意到这一点,他错误地把坎蒂隆效应等同于货币非中性。

即使货币供应量均匀增加，从而导致价格立刻同比例上涨，货币通胀也会造成一定的成本。当然，我们说的是交易成本，其中包括菜单成本——那些与更改价目表、重新编写收银机程序、更新业务软件等相关的成本(Horwitz，2003)——以及由于存储和运送大量货币而增加的成本。通货膨胀、坎蒂隆效应与货币非中性的关系如图 2.1 所示。

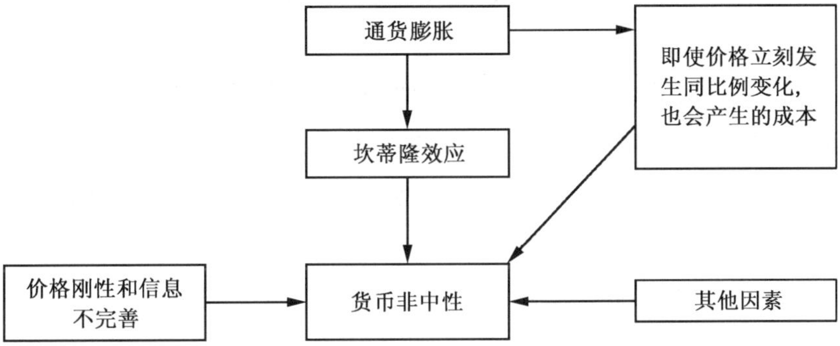

资料来源：作者绘制。

图 2.1　通货膨胀、坎蒂隆效应与货币非中性之间的关系

现实中，货币供应量并非均匀增加——我们甚至可以斗胆认为，货币性质本身就会阻止货币供应量均匀增加。同比例增加货币资源，要求每个实体均等地创造货币。虽然我们可以想象，中央银行能够通过向每个公民发放适当数量的货币来增加货币供应量，但即使在这种不现实的情况下，其中一个实体(中央银行)会首先获得增加后的货币资源。[1]

以商品货币为例，我们很难想象作为货币的商品会广泛地供应给个人。至于私人生产法定货币，有两种情况需要考虑。在第一种情况下，根据“并发货币”(concurrent currencies)的概念，每个人都以相同的速度印制自己的钞票(Hayek，1990)。但在这种情况下，很难把货币作为一种一般交换媒介。在第二种情况下，每个人都生产相同的交换媒介，这当然会导致公地悲剧，因为每个人都想比别人更快地生产货币，以便带着更强的购买力进入市场。[2]

---

〔1〕 必须强调，首轮效应的存在，对于以所谓的“直升机撒钱”的形式更加均匀地增加货币供应量来说，并不一定是一个好的论据(Bernanke，2002)。把新增货币直接分配给家庭，可能会显著提高通货膨胀率。西埃依(2016)更加详细地论述了“直升机撒钱”的概念。

〔2〕 关于“公地悲剧”概念在货币和银行理论中应用的问题，请参阅 Bagus(2010)、Huerta de Soto(2006)和 Hulsmann(2008)。

由上可见，货币供应量增加就意味着货币必须通过特定的渠道流入市场，因此，通货膨胀总是与坎蒂隆效应相伴。此外，新增货币似乎必然循序在经济中扩散，因为同一货币不能同时用于两笔不同的交易。因此，使用同一货币的不同交易必须逐一发生(Bilo，2013)。

坎蒂隆效应的本质

首轮效应理论由三个分量或者部分组成(Bilo，2015)：(1)货币供应量的变化是通过改变某些个体的现金余额发生的；(2)现金余额变化导致个体倾向于改变自己的支出；(3)支出变化导致相对价格结构和生产发生变化，进而导致下一批个体的现金余额发生变化，而下一批个体现金余额的变化又会导致下一轮循环的开始。[1] 首轮效应的本质如图 2.2 所示。

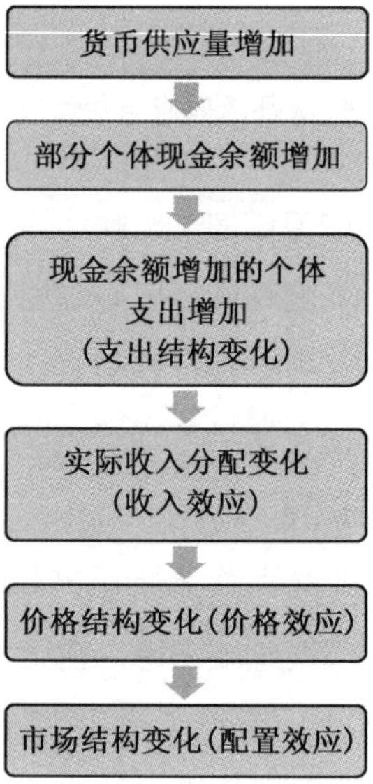

图 2.2　坎蒂隆效应图示

---

〔1〕 Dorobăt(2015)似乎对坎蒂隆效应持有不同的看法，因为她写道，这个概念描述了由货币供应量增加对相对价格结构造成的干扰，因此描述了由货币供应量增加对经济资源短期和长期配置造成的干扰。收入、价格和生产结构的变化实际上可能循序(或同时)发生并相互影响，从而导致对首轮效应的不同解释。所以，图 2.2 旨在对坎蒂隆效应的作用逻辑进行概念化，因此进行了必要简化。

货币通胀导致收入分配复杂多样(见图 2.3),其结果是相对价格结构和生产结构发生变化。

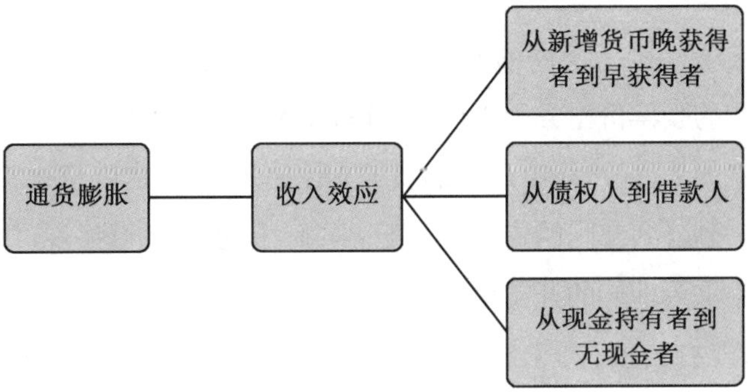

资料来源:作者绘制。

图 2.3　几种通胀性收入分配方式

图 2.3 列示了几种通胀性收入分配方式。[1] 首先,如果货币非均匀地流入经济,就意味着一些实体在价格仍保持不变的时候拥有更多的可支配现金余额。由于他们可以支配的货币储备增加,如果其他一切保持不变,他们就会看轻每个货币单位的价值,从而增加支出[2];这反过来又会导致他们购买的商品价格上涨,而价格上涨会增加卖家的收入。在这种新情况下,卖家也会决定减持他们手中意外增加的现金余额。虽然他们仍处于相对有利的地位,但对于他们来说,部分商品——那些由新增货币首批获得者购买的商品——的价格已经上涨。当然,同样的逻辑也适用于随后各轮"通过经济分配下去的新增货币"[3],直到有些人在自己要买的商品价格适当上涨之前被迫从以前的卖家那里购买商品蒙受损失的情况出现为止。换句话说,实际发生的情况是从新增货币晚获得者到早获得者的收入再分配,这就是所谓的收入效应的一种表现。[4]

---

〔1〕 相关研究的主流文献也提到了其他类型的通胀性收入分配,如工资刚性造成的从雇员到雇主的收入再分配(Laidler and Parkin,1975),但主流文献通常忽略了从新增货币晚获得者到早获得者的收入再分配。

〔2〕 正如笔者在第一章指出的那样,很难说他们会对自己手里的货币单位价值低估多少。基于此,米塞斯(1953[1912])认为,货币中性概念是与效用的主观性格格不入的。

〔3〕 当然,新增货币的"分配"是一种简化。单个实体的现金余额同质,无法区分某人是花了"新增货币"还是"旧有货币"。

〔4〕 坎蒂隆(1959[1755])、休谟(1987b[1742])、凯尔恩斯(1878)和米塞斯(1953[1912])都描述过收入效应的类似作用方式。

收入效应的第二种表现是从固定收入领取者向固定款项支付者的收入再分配。[1] 在这种二分法中，我们应该区分从债权人到债务人的收入再分配（当然，只有在商定利率不包括适当通货膨胀溢价的情况下）。因此，在所有其他因素保持不变的情况下，可以预期净债权企业的股票及其持有的债务工具价格会下跌，而净债务企业的股票价格会上涨（Kessel and Alchian，1962）。

值得注意的是，经济体中最大的债务人往往是政府，这就意味着货币通胀导致从私人部门到公共部门的资源再分配。实际上，坎蒂隆已经说过，统治者总是通过通货膨胀来为他们的开支筹措资金。[2] 我们这位爱尔兰经济学家甚至坚持认为，如果没有公债，国家银行（现在的中央银行）对国家就不会特别有用（Cantillon，1959[1755]）。

根据凯塞尔和阿尔钦（Kessel and Alchian，1962）的研究，收入效应的第三种表现是从较多货币现金持有实体到较少货币现金持有实体的收入再分配。这些实体会节约使用货币现金，从而导致以下这种现象出现：垂直一体化，改持有实际价值的资产，房地产价格上涨，易货交易范围扩大，外汇存款增加和汇率上涨，持有外汇现金的公司股价上涨，最后生产过程从劳动密集型企业转向资本密集型企业（因为支付工资需要更多的现金余额）。

由上可见，通货膨胀驱动型收入分配源自坎蒂隆效应，只有在所有的名义价值都随着货币供应量的变化而立即发生同比例变化的情况下，才不会导致收入再分配。但是，这种情况是货币供应量变化引起的变化过程的最终结果，而且是由个体为应对其名义现金余额增加采取行动而造成的结果。因此，这种价格上涨只能发生在个体做出完美预期的情况下。除了商业实体必须彼此了解未来偏好这个问题，重要的是要注意到，通货膨胀预期是根据不久之前的价格，而不是依据货币供应量变化形成的（Mises，1998[1949]）。[3] 如果名义价值立刻会随货币供应量的变化发生同比例的变化，那么商业实体就不会有动机持有现金（因为价格上涨会抵消名义现金余额的增加）。商业实体会试图赶在物价上涨之前

---

〔1〕 与固定收入者相比，可变收入者的收入必然会增加。在德国魏玛共和国恶性通货膨胀时期，中产阶级是受影响最大的群体，也是工资劳动者人数最多的群体（Bresciani Turroni，2007）。

〔2〕 坎蒂隆因此认识到了银行家和政治家的共同利益，并且先于从统治者私人利益出发考察统治者行为的公共选择理论家进行这方面的研究。例如，瓦格纳（Wagner，1980）认为，国家会蓄意利用坎蒂隆效应来达到其自身的目的，因为国家能从支持特定选民群体的政策，而不是从以同样方式影响所有选民的政策中获得更多的好处。

〔3〕 目前尚不清楚，货币供应量的增加如何导致特定商品和服务的价格上涨。

减持现金余额，这一点在发生恶性通货膨胀时表现得最为明显。[1]

然而，以下几个原因似乎说明了强调早期收入分配变化产生的价格效应的重要性：

第一，收入分配本身并不能增加社会总财富。[2]收入分配只有在有利于那些“利用自己额外增强的货币支配能力比货币被拿走的阶层积累更多资本”的阶层时，才会间接影响可获得商品的数量（Mises，1953[1912]，p. 208）。

但是，即使在这种情况下，收入分配本身似乎也不太可能导致生产发生变化。试想一下，到了晚上，某个与罗宾汉截然不同的人拿走了属于非生产阶层（就像马尔萨斯说的那样）的一半资产，按相同比例增加生产阶层的现金储备。在这种情况下，产量并不见得就会增长。如果我们的分析从均衡状态开始，那么就有必要降低利率[3]或降低企业家进行更多投资以增加产能的时间偏好。与此同时，收入增加是否必然会导致时间偏好降低的问题仍然没有得到解决。[4]

第二，价格效应比分配效应更加重要，原因就在于，是相对价格结构决定生产要素的配置，进而决定生产规模和产品结构（Hayek，1935）。

第三，前面介绍的收入再分配过程是一个被高度简化的过程，并且假定能够识别和追踪特定货币单位在经济中“扩散”的路径。事实上，这是不可能的，因为货币同质，因此不可能区分“旧有”货币和“新增”货币（Machaj，2012）。[5]更重要的是，以上介绍的收入再分配过程没有考虑价格由于预期正确而能先于收入变化进行调整，这就意味着位于这条象征性“食物链”末端的人，如果他们提前抬高价格或者投资于一种其价格随通货膨胀上涨的合适工具，就不一定会蒙受损

---

〔1〕在这种语境下，值得注意的是，与一般的观点不同，货币通胀本身并不是一种课征于现金的税收。如果大家的现金余额都均匀增加，价格立刻以相同的比例上涨，那么实际财富（交易成本除外）就不会发生变化。正如凯塞尔和阿尔钦（1962）指出的那样，“通货膨胀税”通过商品和服务价格上涨，而不只是通过印发钞票来体现。因此，通货膨胀并不是货币供应量增加的结果，而是增加的货币供应量通过特定渠道进入经济并循序进行分配的结果。通货膨胀意味着一部分人的收入增长快于物价上涨——他们将是通货膨胀的受益者，而另一些人的收入增长慢于物价上涨——这些人将受到通货膨胀的伤害（O'driscoll ND Rizzo，1996）。

〔2〕当然，波动性不可预知的持续货币通胀可能会导致贷款人减少在市场上发放贷款，与没有通货膨胀的情况相比，这可以被说成社会净损失（Horwitz，2003）。

〔3〕在均衡状态下，当前利率下的全部投资机会都已经被利用。更重要的是（假设分配对于企业家具有通货膨胀性质，但忽略信贷扩张对利率的直接影响），正的价格贴水会导致利率上涨，即费雪效应（Fisher，1907；Mises，1998 [1949]）。

〔4〕罗斯巴德（Rothbard，2009[1962]）和霍庇（Hoppe，2001）认为，这是一种先验关系。费雪（1907）和米塞斯（1953[1912]）似乎同意这种观点，但米塞斯（1998[1949]）以及布洛克、巴奈特和萨莱诺（Block，Barnett，and Salerno，2006）认为这是一个经验问题。

〔5〕这就解释了为什么企业家——即使他们熟悉奥地利学派的商业周期理论，并且知道部分投资可能无法完成（因为没有自愿性储蓄的支持）——心甘情愿地举借低息贷款来增加他们的投资和生产。他们根本无法区分来自消费者的货币（资金）和由银行系统凭空创造的货币（资金）。

失。从根本上讲,即使这一点也并非必不可少。只要认识到随着货币供应量的增加以及对货币需求的增加,提高某些商品的价格,对于全体拥有这些商品的人都是有利的,这就足够了。例如,房地产价格上涨会导致全体业主的财富增加——新增货币(只要货币供应量确实是增加了)迟早会到达他们手中。

然而,如果预期正确,价格调整就能先于收入变化,这当然并不意味着,如果正确地预期到总体价格水平上涨,那么坎蒂隆效应就不复存在了。要想不让分配效应产生作用,个人不但要预期到货币供应量增加或者一般价格水平上涨,还要预期到货币在经济中的确切分布情况,这显然是不可能做到的。我们有必要考虑这样一个例子:一个一般交换媒介的生产者向大家宣布——大家都知道——明天他要发行1亿张新的面值1美元的纸币,从而使经济中的货币供应量增加10%。即使每个人都把自己商品的价格提高10%,那个纸币生产者的处境还是比宣布增发纸币消息之前要好。唯一不同的是,在商品价格上涨前,纸币生产者有1亿美元的购买力;而在商品价格上涨后,他能够购买价值9 000万美元的商品和服务。要想不让坎蒂隆效应产生作用,商业实体必须知道全体商业实体的未来支出结构,即确切知道他们会花钱购买哪些商品以及这些商品的价格会相应上涨多少——从而通过提高商品价格来抵消购买力的提高。这种推导同样适用于下一个人,并可依次类推下去。换句话说,每个人不但要知道货币供应量增加的确切数额(而这就是完全信息在货币非中性背景下的一般定义),还要知道货币供应量在商业实体之间的确切分配情况以及它们未来(在货币供应量变化后)通过支出表现出来的偏好。

当然,这是一个完全不现实的假设,因为个人的偏好只能通过行为表现出来,所以,我们无法事先知道他们会相应调整价格。[1] 因此,除了一个完全不现实的情况——即每个人都知道其他人的一切——以外[2],坎蒂隆效应会独立

〔1〕 此外,在一个人人都知道他人计划的经济体中,没有不确定性,因此也就没有货币,从而使得这个假设例子变得荒谬。

〔2〕 假设所有实体都能理性预期,而且每个实体都知道这一点,这可能会导致"福尔摩斯—莫里亚蒂悖论"(Holmes-Moriarty Paradox)(O'Driscoll and Rizzo,1996)。例如,如果每个人都知道别人拥有的现金资源会与自己的现金余额同比例增加——请注意,是每个人都知道,那么做出合理预期的人会认识到试图用完自己新增的现金余额没有意义,因为如果每个人都做了同样的事情,那么这只会导致价格上涨,而没有人能够购买较多的商品,想花掉增加的现金会发生费用,因此没有意义。然而,如果没有人想花掉增加的现金,价格很可能不会上涨,那么就可能出现个人增加实际财富的机会。然而,理性的人能预测到这种机会并可能进入市场。反过来,如果理性的个人意识到其他行为主体也能得出同样的结论,那么他们就会放弃这种机会——就像一开始所说的那样,我们可以依次推导下去。

于市场预期而产生作用,因为它的本质不是货币供应量的意外变化,而是不均匀的变化。如果货币供应量增加,每个人都宣布并完全预期到货币供应量的增加,因此,总体物价水平上涨,那么谁首先获得新创造的货币仍然十分重要。

这方面的重要结论是:由于存在坎蒂隆效应,因此,区分可预期和不可预期的通货膨胀的做法是不适当的,因为我们不可能完全正确地预测货币供应量增加可能产生的影响(Horwitz,2003)。[1] 我们不可能预测通货膨胀,也就是说,我们不可能猜测通货膨胀会对整个价格结构和生产产生什么影响。我们只能说部分商业实体试图利用较高或较低的预见力来预测货币供应量增加对它们的特定情况和特定购买力的影响,而这种影响由每个人独特的商品和服务篮子所决定。换句话说,通货膨胀可能或多或少是有意为之,但它的影响是完全不可预测的。

第四,从本质上说,通货膨胀最重要的影响——从纯经济而非道德的角度看——并不是对收入分配的影响,而是干扰定价机制的正常运行。正如霍维茨(Horwitz,2003)指出的那样,价格——只要能反映实体变量,即个人偏好——具有协调商业实体活动的功能。通货膨胀增加了信息噪音,从而导致理性的经济核算变得更加困难。[2] 资本品的特点就是具有不同程度的特殊性,因此,部分资本由于配置不当而被永久浪费,从而破坏对市场调节的信心,并且有可能增强个人的时间偏好(Horwitz,2006)。这种削弱储蓄意愿的"认识论不确定性"(epistemological uncertainty)会进一步加剧,因为较不稳定的一般价格结构会导致相对价格变得更加离散(Vining and Elwertowski,1976)。[3]

值得注意的是,在这种情况下,坎蒂隆效应在价格方面的表现(价格结构变化的不均匀和连续特点)解释了在追求合理的货币政策时会遇到许多困难,比如衡量一般价格结构变化的问题(Wicksell,1978)、预测货币供应量变化影响效应的问题(Horwitz,2006),以及货币政策要隔 6～15 个月才会影响经济的问题(Friedman,1969b)。

---

〔1〕 仅仅准确推测衡量消费者价格水平的指标的变化是不够的,因为这样的指标并不包括所有的价格,此外,它也不能说明相对价格结构的任何变化。

〔2〕 此外,通货膨胀会导致无意义的资本拆耗。当支出按历史成本核算时,折旧冲销就跟不上物价的上涨(Mises,1998[1949])。

〔3〕 巴罗(Barro,1976)解释这个事实说,观察到一般价格水平更大的波动幅度使得个人——因为现在更难区分一般价格水平上涨和相对价格结构变化——较慢响应需求变化(供给变得不那么灵活),从而导致价格更加不稳定。赫尔科维茨(Hercovitz,1980)提出了同样的观点,只是他指的是货币供应量波动,而不是一般价格水平波动。

重要的是,坎蒂隆效应通过通货膨胀的两个特征(方面)在经验上得到了证实(Bilo,2013)。首先,货币供应量的增加和一般价格水平的上涨与相对价格变化加剧有关(Fischer,1981),这与关于新增货币在经济中不断扩散并逐步推高价格的连续过程的预期相吻合。其次,价格上涨显著不对称(Vining and Elwertowski,1976),一般价格水平的上涨通常是由小部分商品和服务价格的显著上涨导致的,而大多数商品和服务价格的变动幅度小于一般价格水平,这与通过特定渠道向经济注入新增货币的预期相一致。

商业周期中的坎蒂隆效应

根据奥地利学派的观点,商业周期是货币非均匀但通过特定渠道,特别是通过信贷扩张注入经济的结果,而信贷扩张会导致市场利率跌破通常由社会时间偏好决定的利率水平。利率跌到社会时间偏好确定的水平以下,反过来又会鼓励企业家投资于消费品生产过程,并且在比消费者所希望的更加遥远的将来生产消费品。企业家的这种投资决策会导致最初表现为人为繁荣的经济失衡,从而把不是由消费者创造的购买力转移给企业家,而等到消费者偏好最终由于货币供应量增速放缓而得到充分体现时,危机接踵而至在所难免(O'Driscoll and Rizzo,1996)。

由上可见,坎蒂隆效应是奥地利学派商业周期理论的基础。有些学者甚至认为,奥地利学派与主流经济学的区别就在于,他们的货币和商业周期理论包含坎蒂隆效应(Zijp and Visser,1994;Horwitz,1994; O'Driscoll and Rizzo,1996)。

事实上,奥地利学派的商业周期理论考察了新增货币在经济中不均匀扩散的一个特殊变体,即由实行部分准备金制度的银行通过贷款给企业家——主要是远离消费品生产行业(简单地说,是对利率变化比较敏感的行业,如建筑业和房地产业)的企业家,把这些资金以购买生产要素的方式创造货币,从而导致生产要素价格上涨,最后由于工资上涨而导致消费者支出增加,进而推高消费品价格。反过来,这有可能导致危机爆发,除非信贷继续(以更快的速度)扩张。因此,与消费没有直接联系的企业家就有更大的议价能力来争夺投入品。坎蒂隆效应在商业周期中的作用如图 2.4 所示。

关于首轮效应在奥地利学派商业周期理论中的作用,存在以下重要的观点:

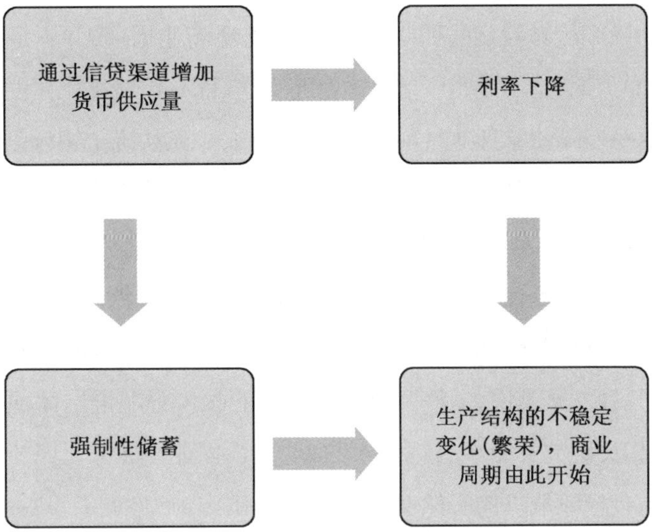

资料来源:作者绘制。

图 2.4　坎蒂隆效应在商业周期中的作用

第一,在这个理论中,有一点至关重要,那就是新增货币通过特定的渠道——信贷渠道——流入经济。当然,这只是坎蒂隆效应可能产生的众多作用之一,而且似乎是最重要的作用,因为在现代货币制度下,新创造的货币正是以信贷的形式流入经济的。

第二,坎蒂隆效应会导致相对价格结构紊乱,更准确地说,导致市场利率下降。[1] 坎蒂隆效应这个作用的重要意义在于,利率是市场经济的关键价格。[2] 其他价格影响横向(部门或者生产过程之间的)资源配置,而利率则决定跨期(纵向)资源配置。由于生产过程都是随着时间的推移而发生的,因此,利率不但会影响投资收益率,还会影响产量,特别是影响生产结构。[3]

第三,企业家以借贷方式获得购买力——一种并非由消费者转移给他们的

〔1〕 这是一种刻意的简化。笔者在本书第五章指出,当新增货币主要以短期贷款的形式注入经济时,利率结构会实际发生变化,从而导致短期利率相对于长期利率有所下降。

〔2〕 它是用未来商品表示当前商品的价格。

〔3〕 根据奥地利学派的资本理论,资本品并不同质,资本品的特点就是对利率的敏感程度不同。值得注意的是,新古典学派关于同质资本的假设必然排斥坎蒂隆效应对生产结构影响的研究,从而降低了坎蒂隆效应的重要性。

购买力。因此,信贷扩张通过使价格与消费者偏好相分离的方式来扰乱经济协调。[1] 正如我们能够看到的那样,之所以会出现商业周期,并不是因为个人形成了不合理的预期,也不是由于信息本身不完善,而是信贷扩张扭曲了相对价格结构,从而给——即使掌握这种现象的理论知识,也无法确定银行以较低利率提供的贷款是否来自自愿性储蓄——企业家带来了赚钱的机会。由于企业家已经在争夺稀缺的生产要素[2],因此,他们必然会设法利用这种机会。

第四,由于消费者没有改变他们的时间偏好,但生产者——通过贷款——投资于更长的生产过程,因此,只有相对较少的消费品进入市场,从而导致相对价格上涨。从某种意义上说,从消费者到生产者的收入分配恰恰体现为消费品价格上涨。在相关研究文献中,这种现象被称为"强制性储蓄"。[3] 在哈耶克看来,这种现象会导致危机的必然性(换句话说,由于自愿性储蓄没有增加,自然利率保持不变,因此,生产结构的变化并不是永久性的变化)。企业家在通过举借"无中生有"的贷款筹集到新的资金以后就准备进行投资,以满足消费者的需求,但在时间上要比消费者希望的晚。[4] 与此同时,为延长生产结构所需的资本品产量增加只能以消费品供给暂时相对减少为代价,因此,消费者能在时间偏好不变的情况下购买的实物商品数量减少[5],而价格会上涨,从而伤害到部分收入还没有增加的个人,减少他们的消费。

在哈耶克看来,当没有增强储蓄倾向的消费者(由于对劳动力和土地的需求增加)开始按与以前相同的比例花费更多的收入时,危机就开始了。这意味着经历了强制性储蓄的个人——不是因为他们决定减少消费,而是因为他们用自己

---

〔1〕 但是,这并不适用于——与有些人认为的不同(Horwitz,2003)——一般货币供应量增加。虽然在货币供应出现中断的情况下,企业家确实必须在他们的计算中多考虑一个因素,但应该注意的是,价格变动——例如,由于金矿业主扩大采金量导致采金成本上涨,进而导致价格变动——完全是由他们的偏好造成的。在这种情况下,企业家面临的唯一问题就是,推测对他们产品的货币需求量会增加多少,但这个问题始终存在——在货币供应量恒定不变的情况下也是如此。值得注意的是,在银行实行全额准备金制度的金本位制下,货币供应量很容易计算,而货币供应量的增加取决于采金的利润率,而不是政治家和央行行长的武断决定,因此,企业家可以很容易地预测到这种经济波动并做出相应的调整(Sieroń,2012)。

〔2〕 如果他们不把贷款用于购买稀缺的生产要素以增加投资,那么其他企业家就会贷款购买生产要素以增加投资,从而抬高他们的产品价格,并可能使他们无法在未来进行投资。

〔3〕 布雷夏尼—托罗尼(Bresciani-Turroni,2007)分析了德国魏玛共和国恶性通货膨胀时期出现的这种现象。他写道,在这一时期,德国主要是生产资本品,结果导致消费品相对匮乏。

〔4〕 在均衡状态下,只有采用资本密集度较高的生产方式才能增加产量,并创造更多的利润(在其他条件不变的情况下,企业家总是选择利润率相同、周期较短的生产方式)。

〔5〕 根据奥地利学派商业周期理论的标准观点,利率下降导致生产结构拉长。最近,有些奥地利学派经济学家对这种关系的性质提出了质疑(Fillieule,2007;Hulsmann,2011;Machaj,2015)。

的收入现在只能买到相对较少的消费品(如生产结构转向生产高阶商品)——想增加自己的消费,从而引起消费品相对于资本品价格上涨,进而导致生产结构缩短。市场利率也会上涨到自然水平,但有可能高于经济繁荣前的水平,而利率上涨是由市场总体不确定性加剧、费雪效应以及企业家愿意不惜一切代价完成投资等因素造成的。[1]

第五,坎蒂隆效应的存在说明商业周期虽然明显具有某些共同的特点,却不是以相同的方式发展的原因。商业周期的发展进程取决于新增货币如何在经济中"消散",而新增货币受到制度条件以及政府、银行和企业家行为的影响。[2]

综上所述,坎蒂隆效应是奥地利学派商业周期理论的基础。哈耶克(1935)甚至认为,货币理论领域的进步取决于对一般价格水平概念的否定,转而研究相对价格结构变化的原因,即货币对不同交换比率的影响。[3]

奥地利学派经济学家不但强调货币供应量增加对收入和财富分配的影响,而且,更重要的是,强调货币供应量增加对价格体系,首先是对负责资源跨期配置,因而也是负责资源在不同生产阶段之间配置的利率的影响。[4] 奥地利学派反对新古典学派的均衡观,因此非常重视对价格机制的正确理解,并且认为价格机制是一种在充满不确定性的世界协调个体行为的社会性制度。在这种语境下,奥地利学派的商业周期理论可以被理解为一种适用于资源跨期配置、更具一般性的创业理论的一个特例,这种理论考察了被扰乱的利率水平如何影响企业家的计算和行为(Huerta de Soto,2006)。

小　结

在本章,笔者对坎蒂隆效应进行了概述,并且介绍了坎蒂隆效应现象和一些与它紧密相关但更加宽泛的概念——如货币中性和货币通胀——之间的关系。

---

[1] 这里介绍的是哈耶克对奥地利学派商业周期理论的解释(Hayek,1935)。根据米塞斯(1998[1949])的观点,错误的投资("不当投资")与过度消费相伴,而不是与强制性储蓄相伴。关于奥地利学派商业周期理论更加广泛的讨论,可参阅 Huerta de Soto(2006)或 Garrison(2001)。

[2] 关于这个问题更加详细的讨论,请参阅本书第六章。

[3] 如上一章所示,摩根斯特恩(Morgenstern,1972)持类似的观点。

[4] 因此,奥地利学派的商业周期理论可被看作关于资本异质结构的坎蒂隆效应研究的扩展。实际上,奥地利学派的商业周期理论不但考察了企业家和消费者之间的收入分配,还考察了不同生产要素所有者之间的收入分配(资本和劳动力在商业周期不同阶段的不同吸引力——所谓的"李嘉图效应——以及资本品对利率不同的敏感度和资本品不同程度的专用性)以及处于不同生产阶段的企业家之间的收入分配。

笔者还证明了货币供应量非均匀变化具有不同的分配效应——主要是新增货币最后获得者与货币收入增加最早受益者之间的不同,以及贷款人与借款人之间的不同,因而也有价格效应。笔者还指出,价格效应要比分配效应重要得多,因为收入分配本身并不会影响社会福利,但生产要素配置是由价格结构决定的。具体而言,价格效应有可能触发商业周期——通过信贷渠道增加的货币供应量会扭曲负责要素跨期配置的利率。

第三章　经济思想史中的不同坎蒂隆效应观

在本章，笔者将阐述首轮效应在经济思想史上的存在性以及不同经济学派对它的认知和它对于不同经济学派的重要性。当然，笔者先介绍坎蒂隆的论著，其后介绍大卫·休谟(David Hume)、约翰·凯尔恩斯(John Cairnes)、欧文·费雪(Irving Fisher)、约翰·梅纳德·凯恩斯(John Maynard Keynes)、米尔顿·弗里德曼(Milton Friedman)、曼昆(Mankiw)、卢卡斯(Lucas)、哈耶克(Hayek)和其他不同学派经济学家的相关观点。此外，在这一章里，笔者还对首轮效应研究进行了剖析，并且考察了主流经济学是否曾对这种现象有过适当的关注。

理查德·坎蒂隆

坎蒂隆对经济学理论做出过重大的贡献，但他与很多年后著书立传的经济学家不同，没有把重点放在分析货币供应量变化所导致的一般价格水平同比例变化的问题上。是的，价格通常会因为货币供应量增加而上涨，但不会在同一时间、以相同比例上涨。换句话说，坎蒂隆不接受机械论的货币数量理论，并且不认为存在简单、固定的数量规律，即经济中价格上涨的速度取决于新增货币流入经济的渠道以及各种不同实体使用新获得的资金的方式(和速度)。换句话说，坎蒂隆并不认为货币供应量的变化只会对现实世界产生暂时的影响。这位爱尔兰人最关心的是,如何回答一般物价水平到底以怎样的确切方式上涨这个他的同时代学者根本没有想过的问题。

具体而言,坎蒂隆批评洛克没能解释新增货币如何在经济中扩散以及货币供应量增长在多大程度上推高价格的问题:

> 洛克把"与货币数量同比例变化的商品的生产和销售数量是市场价格的调节器"作为一条基本格言。在前面几章里,我曾试图阐明他的观点:他清楚地看到,货币丰裕使一切变得昂贵,但他没有考虑货币丰裕是如何做到这一点的。回答这个问题的最大困难就在于,知道货币通过什么途径增加、以怎样的比例推高物价(Cantillon,1959,[1755],Ⅱ.Ⅵ.5)。

与此同时,坎蒂隆(1959[1755])系统分析了国家增加货币数量的各种可能途径。他对国内矿山金银增产、贸易顺差、外国汇款、外国投资、外来移民、战争、公共支出、外国贷款、银行信贷扩张等情况进行了区分。这位爱尔兰人早已注意到,货币供应量的增长途径对经济很重要,因为不同的货币通胀渠道以不同的方式影响收入和支出结构,进而影响相对价格和生产结构,最终产生不同的经济效果。例如,在货币供应量因政府军费支出增加而增加的情况下,军火工业会获得最多的新增货币。由于军火商为增产融资会增加对贷款的需求,但风险溢价也会随之增加,因此利率就会上涨。此外,如果货币因出口盈余而增加,那么出口行业将获益最多,而利率则会下降,除非国内有很多富人增加消费支出,从而迫使生产商为增产完成新的订单而举借新的贷款(Cantillon,1959 [1755])。

因此,坎蒂隆认为,造成货币非中性的原因是货币供应量增加的不均匀性以及由此导致的支出结构变化:

> 货币数量增加导致本国价格上涨的比例取决于所增加的货币对消费和流通的影响。无论通过什么途径注入的货币都自然会增加消费,但消费到底能增加多少要根据情况而定,或多或少会根据新增货币获得者的想法被引导到某些种类的产品或商品上。无论货币增加多少,某些商品的市场价格会比其他商品涨得更多(Cantillon,1959 [1755],Ⅱ.Ⅶ.6)

值得一提的是,坎蒂隆对增加经济中货币供应量的第一种方法的全面思考,是经济思想史上第一次有人思考首轮效应问题。就像哈耶克(1935,p.8)所说的那样,坎蒂隆在他的书中“第一次尝试跟踪……数量和价格之间的实际因果关系”,甄别了货币供应量增加对价格的各种影响,但具体会产生怎样的影响取决于货币供应量增加的性质。

如果实际增加的货币来自本国的金矿或者银矿,那么金矿和银矿主、投机商、冶炼厂主、造币厂主和所有其他工人的支出都会与他们的收入同比例地增加。他们和他们的家人会比以前消费更多的肉食品、葡萄酒或者啤酒,并且会养成用更细的麻布做衣服、穿更加漂亮的衣服、住配备更好家具的房子和使用其他精选商品的习惯。因此,他们会雇用一些以前没有那么多事情可做的技工,而这些技工也会由于同样的原因增加他们的开支:所有这些花在肉食品、葡萄酒、羊毛制品等商品上的支出的增加,必然会减少本国没有首先分享到相关金矿或者银矿财富的其他居民可享受的份额。市场发生这种分化,或者对肉食品、葡萄酒、羊毛制品等商品的需求比过去多,肯定会使这些商品的价格上涨。肉食品、葡萄酒、羊毛制品等价格上涨,必然会让农民下决心来年租更多的土地生产这些商品:这些农民会因为这些商品价格上涨而赚到利润,并像其他人一样增加他们家庭的支出。因此,那些能承受高价并增加消费的人首先是全体土地所有者(在土地租赁期间),然后是他们的佣工以及全体靠工资养活家人的工匠或其他固定工资收入者。所有这些都必然会使他们的支出与新的消费成比例地减少,而新的消费会迫使他们中的许多人移民到其他地方谋生。土地所有者会解雇很多他们雇用的工人,而其他雇工会要求增加工资以使他们能像以前那样生活。因此,由于金、银矿增产而导致的货币大幅度增加可能会增加消费,并且通过减少居民人数来增加留下来的居民的支出。

如果金矿和银矿继续供应更多的货币,那么全部商品的价格都会因为货币丰裕而一直上涨到,不但土地所有者在租约到期以后大幅提高地租、恢复他们过去的生活方式,并且按比例增加他们的佣工的工资,而且技工和工匠会提高他们商品的价格,以至于从外国进口仍有相当大的利润可赚,因为来自外国的这些商品要便宜很多。这自然会驱使一些人进口许多外国生产的制成品,因为他们发现外国生产的制成品非常便宜;这就会逐渐导致本国机械厂和制造商破产,因为他们无法在高生活费用下维持低成本经营。

如果本国金矿、银矿增产导致货币过多,从而导致居民减少,使那些保持高开支的人养成了习惯,导致土地产出的价格和工匠的人工费过高,又由于本国土地所有者和金、银矿的工人使用外国产品而导致本国制造商破产,那么必然要把本国金、银矿生产的部分货币(金、银)输往国外支付进口商品:这将使本国逐渐陷入贫困,并使它在一定程度上依赖外国人,因为本国被迫每年要把金、银矿生产的部分货币(金、银)汇给外国人。原先普遍存在的货币大流通现在不复存在,贫困和苦难接踵而至,金、银矿工人的劳动似乎只有利于雇用他们的人和从中获利的外国人。这大致就是自从发现印度群岛以来西班牙发生的事情(Cantillon,1959 [1755],Ⅱ. Ⅵ. 9—Ⅱ. Ⅵ. 12)。

由上可见,在坎蒂隆看来,金、银矿产出的增加就意味着矿主收入增加,从而允许他们增加自己的消费支出和雇员的工资支出,提高他们自己和矿工的购买力,进而导致他们购买的商品——如肉食品、葡萄酒、啤酒、羊毛制品等——价格上涨;这些商品价格上涨反过来又会使生产这些商品的人获得更高的收入,并且使他们增加消费。但是,坎蒂隆也注意到,并不是人人都能从这个过程中受益。那些不在金、银矿部门或为金、银矿服务的部门工作的人处境会变得更糟,因为他们的收入保持不变,而消费品价格则会上涨。不过,这并不是货币通胀分配效应的最终结果。坎蒂隆还指出,土地所有者由于签订的是长期租约,因此也会成为货币通胀的受害者。从某种意义上讲,坎蒂隆不但先于奥地利学派提出了后来奥地利学派提出的观点,而且还先于新凯恩斯学派提出了后来新凯恩斯学派提出的观点。

金、银矿产出增加不但会导致收入分配和消费结构发生变化,而且会导致生产结构发生变化,因为生产者会设法让生产结构适应消费变化,如扩大需求增长最快的农产品的种植面积(或者多养牲畜)。

笔者不准备详细介绍这位爱尔兰经济学家曾经考察过的全部案例,因为他考察过的案例大多符合一种一般循环模式:货币供应量增加→一部分人的收入增加→这部分人的消费增加→消费品价格上涨→进口增加、货币减少→国内产业衰落。消费品价格上涨,导致国内部分人口移居国外,国外价格较便宜的商品进口增加,从而导致黄金外流和国内产业萎缩——坎蒂隆认为,在发现美洲以后,西班牙就遭遇过这种情况。由上可见,这位爱尔兰经济学家在首轮效应的帮助下,创立了基于贸易收支的商业周期理论。[1] 坎蒂隆通过阐述价格—黄金流动机制(在休谟之前!)来反对重商学派,因为重商学派没有注意到货币供应量增加的影响——实际消除任何贸易顺差。

大卫·休谟

虽然坎蒂隆是系统分析货币非中性的第一人,但许多经济学家认为大卫·休谟才是这方面研究的先驱。[2] 这位苏格兰人当然看到了首轮效应的存在,并且认识到货币供应量增加会导致价格并不同时上涨,但会循序上涨。最终,休谟正是基于部分人按原先的价格购买商品,而工资增长普遍滞后于价格上涨这一事实(休谟假设就业不充分)认为,有计划、有步骤地增加货币供应量,能够刺激生产和就业(Hume,1987b[1742])。

的确,休谟(1987a[1742];1987b[1742])表示,从经济动态学的角度看,短期内,货币并非中性。基于这一点,他建议通过持续增加货币供应量来刺激经济。他认为,虽然价格会按比例上涨,但不会立刻上涨,因此在从货币供应量激增到价格普遍上涨的短期内,货币供应量增加和价格上涨都会对经济产生积极的影响。

虽然这位苏格兰经济学家确实偏离了一种朴素的货币数量理论,但正如比洛(Bilo,2015)指出的那样,休谟对首轮效应的解释与坎蒂隆最初提出的首轮效应版本并不相同。首先,坎蒂隆的研究与休谟的分析的不同之处在于微观经济学方法。这种微观经济学研究方法强调实体个体的现金余额和收入以及相对价格结构的变化。坎蒂隆关注货币供应量不均匀增长和由此导致的支出结构变化,并且认为支出结构变化是造成货币非中性的原因;而休谟则更加关注工资的滞后增长,并认为工资滞后增长是造成货币在短期内非中性的原因。此外,正如凯恩斯(1936)指出的那样,“休谟开始对经济学家强调均衡状态重要性的观点与

〔1〕 然而,正如桑顿(Thornton,2006)指出的那样,这位爱尔兰人所描述的贸易周期比典型的商业周期要长得多。不过,坎蒂隆认识到了货币通胀在商业周期中起到的关键作用。

〔2〕 例如,卢卡斯(Lucas,1996)在他关于货币中性的诺贝尔奖获奖演讲中讨论了休谟的成就,并且把这位苏格兰经济学家说成是货币数量理论的缔造者。但是,卢卡斯甚至没有提到坎蒂隆。

强调不断趋近于均衡状态的观点进行比较”。

不过，均衡观是一种错误的观点，因为在现实中并不存在长期均衡，而只有连续的趋向于均衡并持续变化的短期状态（Rothbard，2010[1963]）。

约翰·凯尔恩斯

凯尔恩斯（Cairnes，1878）举了一个与坎蒂隆非常相似的例子（但没有分析新增货币据以流入经济实体的不同渠道之间的差别）。他写道，假设所增加的货币供应量导致对鞋子的需求增加，从而导致鞋子的价格上涨，进而导致制鞋工人的工资上涨。很明显，货币供应量增加导致制鞋工人的实际工资增长，因为他们的名义工资已经上涨，而这时，只有鞋子的价格上涨。因此，凯尔恩斯假设衣服需求也会增加，从而导致衣服价格上涨，然后导致裁缝店工人也能享受到更高的工资，包括更高的名义工资和实际工资，但增幅相对较小，因为现在有两种商品——鞋子和衣服——的价格已经上涨。同样的推理可以重复进行，直到所有商品的价格（随后各行业的工资）都上涨。在此基础上，凯尔恩斯下结论称，制鞋商的相对利润完全等于裁缝店老板的相对亏损，或者更一般地说，那些工资已经上涨的工人获益是以牺牲工资没有增长的工人的利益为代价的。不过，凯尔恩斯认为，货币供应量增加的首批受益人实际工资相对增加只能是暂时的，而且会随着所有其他商品价格的上涨而消失。

虽然凯尔恩斯认为，从长期看，货币中性，但他坚持认为，价格与货币供应量成比例上涨，可能要持续长达半个世纪的时间。的确，凯尔恩斯（1878）曾明确指出，工资与商品和服务的价格不会同时变化（他使用了拉丁文短语 per saltum，意思是“一下子”），而是逐渐变化。这是因为，新货币——他就是这么写的——只能作为需求工具起到推动价格上涨的作用。而且，由于需求绝不会均匀分布于所有的商品和服务，一部分人持有的新货币会影响部分商品和服务的价格，因为这部分商品和服务能满足这部分人的偏好。

此外，凯尔恩斯（1878）还注意到，某些商品或服务的价格增长速度快于其他商品或服务，但他没有像新凯恩斯学派后来所做的那样，在价格刚性的背景下解释这种现象，而是解释了新货币在经济中的连续扩散和易变的供给弹性。

综上所述，虽然任何关于货币中性的讨论都提到了坎蒂隆和休谟的著作，但似乎忘记了凯尔恩斯的成就。[1] 这当然是一个严重的疏忽,因为凯尔恩斯认识到,价格不会发生均匀和同比例的变化;而且,这并不是由市场失灵造成的,而是由市场的本质决定的。

其他古典经济学家

按照有些说法,古典学派经济学家认为,无论是长期还是短期,货币都是中性。不过,汉弗莱(Humphrey,1991)并不同意这种观点,他曾指出古典学派经济学家提到了造成货币短期内非中性的几个原因,而且先于同时代的其他经济学派。

首先,部分古典学派经济学家假定名义工资刚性。例如,托伦斯(Torrens)认为,在工资变化滞后于价格变化的情况下,增加货币供应量能刺激实际生产(Humphrey,1991)。

其次,有些古典学派经济学家认识到长期合同的作用——货币通胀和购买力下降有利于借款人,并且认为这种情况对生产产生积极的影响。例如,麦克洛克和阿特伍德(McCulloch and Attwood)认为,货币通胀对生产有积极的影响,因为它会减少表现为养老金、税收和贷款等形式的实际负担,从而增加盈利能力并鼓励生产(Humphrey,1991)。他们二人在这方面领先于关注长期合约问题的新凯恩斯学派和费雪理论。

J. S. 穆勒(J. S. Mill,1967[1833])先于新古典宏观经济学派指出,通货膨胀会在企业家中间造成"错误的看法",因为货币供应量增加导致他们的产品价格上涨,这可以被解释为对他们产品相对需求的增加,而与流通中的货币总量增加无关。同样的道理也适用于那些因为把自己工资的名义增长错误地理解为实际增长而更加努力工作的员工(Mill,2009[1848])。J. S. 穆勒据此认为,除非人们意识到物价和工资上涨的真实性,否则生产只会暂时增加。换句话说,只有意外或未被注意到的通货膨胀才会对经济产生真正的影响。

边沁(Bentham)是提出强制性储蓄理论的第一人,强制性储蓄是坎蒂隆效

---

[1] 关于货币中性的问题,已有研究还遗漏了勒鲁瓦—博利约(Leroy-Beaulieu,1914)等法国自由学派经济学家的著述,他们经常关注货币中性问题。

应的一个特例。[1] 他认为,由于货币供应量增加,因此,从固定收入人群到企业家的收入再分配会导致资本积累增加,因为企业家有更大的储蓄和投资倾向(Hayek,1935)。但是,边沁相信,当新增货币最终传导到"非生产阶层"时,这种资本积累就会结束。哈耶克后来在他的商业周期分析中采纳了这个观点(Hayek,1935)。

欧文·费雪

欧文·费雪常被看作货币数量理论的主要支持者。他认为,从长远看,货币增加最终显然只会影响总体价格水平(Fisher,1922)。但他认识到,这种影响要经过一个很长的过渡时期(大约10年)才能感觉得到,因为货币供应量的增加也影响其他变量,如货币流通速度(因为人们希望摆脱正在贬值的现金)、存款与手头现金的比率以及货币交易量。在费雪看来,货币供应量变化影响实体经济变量的关键原因是,名义利率随其他价格的变化而调整,因此有一个滞后期。他就是采用这种方式来解释商业周期的存在性,也就是说,费雪把商业周期看作所谓的货币幻觉造成的结果,并且在菲利普斯(Philips)提出他的曲线之前就提出了自己的货币观(Fisher,1922;Fisher,1933)。[2]

由上可见,费雪(1922)相信,货币在短期内并非中性。虽然他把这说成是货币供应量的增加要经过一个很长的过渡时期才会产生影响,但他好像并不这么认为,从长期看,货币供应量增加的影响模糊不清;恰恰相反,他认为,货币供应量增加能产生实际影响,如永久性地影响资本数量。此外,他还写道,货币供应量增加需要经过一个过渡时期才会产生实际影响是规律,而均衡才是例外。

但是,在分析货币非中性时,费雪(1922)并没有专注于考察货币非均匀增加及其对相对价格结构影响的问题,而是考察了名义利率不能充分、迅速地根据一

---

〔1〕 强制性储蓄理论假定,货币数量增加会导致资本数量增加。桑顿或马尔萨斯等(Hayek,1935)也提到过这个概念。

〔2〕 在费雪(1922,1933)看来,由于利率滞后于一般价格水平上涨,因此,企业家通过债务融资能赚到相对较多的利润,从而鼓励他们扩大生产活动,举借更多的债务。然而,在名义利率上涨幅度"赶上"一般价格水平的上涨幅度以后,部分没有预测到名义利率会上涨并决定按没有考虑费雪效应的利率借钱投资的企业家必然会破产,从而扰乱那些给这些企业家融资的银行的财务状况和融资等活动,并且导致银行挤兑。于是就会出现贷款收缩和价格下跌,从而导致抵押资产贬值和更多的企业破产。由于利率变动具有滞后性,因此下降速度慢于一般物价水平,从而导致经济萧条加剧。

般价格水平进行调整的问题。在费雪看来,名义利率不能充分、迅速地根据一般价格水平进行调整,是货币幻觉造成的结果(对未来一般价格水平变化的非完美预期),并且会影响个体。他的机械观好像使他看不到坎蒂隆效应的重要性。例如,费雪确实认识到,随着货币供应量的增加,有些价格的变动慢于另一些价格,但还有一些价格(由于受到长期合同和法律或习惯的限制)根本就不会上涨。费雪没有推断货币供应量变化会改变价格、财富和生产的结构,而是认为,其他价格必然会相应上涨,这样才能保持货币供应量与总体价格水平之间的比例关系。最后,费雪的整体分析法使他认为,总体价格水平应该与单个价格分开分析,因为单个价格并不能决定总体价格水平(Fisher,1922)。

约翰·梅纳德·凯恩斯、新凯恩斯学派和后凯恩斯学派

凯恩斯的货币观与费雪的货币数量理论大相径庭。就凯恩斯论述的货币范畴而言,费雪的收入观与剑桥学派的现金余额说从形式上看是等价的,但凯恩斯的不同之处在于,他最先明确把利率作为持有现金的成本,由此推导出利率是货币需求的函数(Blaug,1985)。凯恩斯(1930)还指出,货币因素通过利率发生变化,因而通过投资水平来影响经济。

凯恩斯(1930)认为,货币供应量变化并不会立即导致价格的同比例变化,而是与就业不足有关。因此,在凯恩斯看来,数量货币理论在这里并无用武之地。正是从相对工资可能需要很长一段时间才能恢复到以前的水平这个事实,他看到了通货紧缩的危害,并支持推行应对通货紧缩的经济政策。虽然他把通货膨胀看作把工人的收入分配给企业家,但他认为这种收入分配会促成充分就业和资本积累。因此,凯恩斯可被说成是强制性储蓄的支持者。他认为,如果没有出现这种现象,就不可能有 19 世纪取得的巨大物质进步(Keynes,1930)。

凯恩斯虽然分析了由通货膨胀造成的收入分配,但没有论述通货膨胀造成的收入分配对相对价格结构的影响,因为他认为这种收入分配只决定生产结构,而凯恩斯有兴趣研究的生产水平是由一般价格水平决定的(Keynes,1924)。换句话说,他认为,一般价格水平和相对价格结构,从某种意义上讲,是彼此分离的。

新凯恩斯学派

新凯恩斯学派反对传统的“实体”与“名义”二分法，因为诸如生产或就业等实体经济变量的变化会转化为名义价格刚性（Yilmazkuday，n. d.）。

造成名义价格刚性的一个原因是价格变化造成的成本或者所谓的“菜单成本”。菜单成本模型假设，企业在遭到负需求的冲击——改变菜单的成本相对较高——时，降低价格虽然对社会有益，但企业并不能从中获益（Mankiw，1985）。菜单模型还假设，企业家同时确定自己产品的价格，从而把坎蒂隆效应排斥在外。事实上，正是因为货币在经济中不均匀分布，即在不同的时间影响对不同商品的需求，所以企业家不可能同时确定自己产品的价格。

造成名义价格刚性的第二个主要原因是长期合同。费雪（1977）构建了一种签订长期工资合同的模型。个人形成自己的理性预期，但如果中央银行改变货币供应的频度，并使货币供应的频度超过工资合同期限所允许的频度，那么就能证明货币（在短期和中期）并非中性。这是因为，例如，我们签订了一份两年期的工资合同，在第二年，货币当局或者中央银行可能根据合同第一年过后才能获得——因而那些在之前已经形成自己预期的个人无法获得——的信息采取行动。在这个模型中，造成货币非中性的原因是，个人在做出就业决策时持有的信息不完善以及合同在一年后不可更改的性质。[1]

由上可见，新凯恩斯学派没有研究坎蒂隆效应的兴趣，因为他们认为是价格具有“黏性”，而不是货币本身（从货币在经济中扩散需要时间的意义上讲）具有“黏性”。是的，新凯恩斯学派论述了货币非中性的问题，并且主要把价格刚性作为造成货币非中性的原因。然而，他们只分析了价格刚性对总体价格水平和总生产变化的影响，并没有考察不同价格的刚性如何导致各种价格的不同调整率，从而导致相对价格结构发生变化。这一点令人感到奇怪，因为只有当投入成本（包括工资）变化的速度与最终产品价格变化的速度不同时，价格刚性才会影响投资和生产。换句话说，新凯恩斯学派的价格刚性研究并不能用来回答货币为什么不会在经济中均匀、即刻扩散，但可用来证明价格（特别是工资）下降刚性假

〔1〕 但值得注意的是，长期合同的存在有助于个体最大限度地降低他们必须面对的不确定性。戈顿（Gordon，1981）认为，价格刚性本身并非不可取，只有在这种刚性阻止理性的个体实现互惠互利的情况下才不可取。

设是凯恩斯理论的关键(Barro,1977)这个事实。

后凯恩斯学派

后凯恩斯学派认为,凯恩斯所做的一切是与主流新古典学派的彻底决裂,包括拒绝接受货币数量理论。

凯恩斯推翻了货币数量理论的假设,认为价格是固定的、产出是灵活的。此外,凯恩斯否认了 V 或 k 的稳定性,并认为 M 的增加很有可能被 V 的下降所抵消,使名义收入或总支出 PT 保持不变,由于他认为投资通常对利率的变化没有反应,因此,情况更是如此(Blaug,1985,p. 644)。

由此后凯恩斯学派假定货币内生,并且拒绝接受货币数量理论,因为他们认为货币数量论是错误的均衡观的产物(Robinson,1970)。

后凯恩斯学派也反对古典学派的二分法,并且认为研究货币不应该脱离实体经济世界(Cottrel,1994)。他们先是不同意分析经济,好像经济是在没有货币的情况下运行似的,然后在考察实体经济时把货币理论强加于经济。换句话说,他们相信货币非中性,即使从长远看也是如此。但奥地利学派经济学家持不同的观点,他们认为货币数量的变化——通过分配和价格效应——对实体经济产生持久的影响,但这是从货币的存在并非中性的意义上讲的,因为货币的存在(与易货相比)完全改变了经济的运行方式。这种非中性的例子包括货币计价的长期合同。然而,新凯恩斯学派把这些货币非中性的例子看作造成价格刚性的根源,并通常把它们看作摩擦,而后凯恩斯学派则把货币非中性的例子视为货币经济存在的先决条件,并且认为货币经济能够显著降低市场参与者之间的不确定性。如果所有的交易都当场完成,并且价格完全灵活,那么由此产生的不确定性将会很高(Laidler,1988)。

虽然后凯恩斯学派研究货币供应量变化如何发生(没有构建不切实际的模型,如弗里德曼的"直升机撒钱"模型),但他们感兴趣的主要是考察总量的变化,如一般价格(工资)水平的变化,而不是像奥地利学派那样关心相对价格结构的变化。

米尔顿·弗里德曼

弗里德曼(1969a)分析了一个直升机撒钱的假设例子。在这个例子中,弗里德曼假设有一架直升机按照以下方式在某个社区上空撒钱：每个社区居民获得的新增货币数量与他们当时持有的现金余额成比例。在这种情况下，这个社区的价格会上涨，因为社区居民会试图减少他们已经增加了的名义现金余额。但由于社区一个居民的支出是另一个居民的收入，因此，社区不可能减少全体居民的名义现金余额，但价格会上涨，从而会减少实际现金余额，一直减少到居民所希望的比例。

不过，弗里德曼指出，并非全部价格都必然会同时上涨——有些人可能比其他人更快地调整价格。因此，他认为在过渡时期，相对价格结构以及产品结构和产量可能会发生变化。他甚至认为，货币供应量的增加，更准确地说，对货币供应量增加的过度反应以及由此导致的价格“过度”调整，有可能是造成周期性价格和产出波动的原因(Friedman，1969a)。

但是按照弗里德曼的观点，即使取消现金余额同比例增加的假设，由于分配效应的作用，调整过程也不会瞬时结束。因此，价格上涨仍不足以恢复均衡，但那些现金余额超比例增加的个人必然会把新获得的货币转移给现金余额低于按比例增加的个人。因此，按照弗里德曼(1969a)的观点，在过渡时期，前一类个人会增加消费、减少生产，而后一类个人的情况正好相反。

与费雪的机械观相比，弗里德曼试图通过个人现金余额的变化来解释货币供应量增加导致总体价格水平变化，这当然可以被视为一种进步。事实上，正如米塞斯(1953[1912]，p. 136)正确表述的那样，货币理论必须“说明货币存量与货币需求比率的变化如何影响主观价值评估”。弗里德曼注重对个人货币需求的分析，并注意到他们在不确定时期会抓住现金不放，因而能够认识到货币供应量对价格的影响比货币数量理论的机械观认为的更加持久和复杂。根据货币数量论的机械观，货币只具有促进并加快商品和服务交换的作用。例如，货币供应量的增加会导致商业实体的资产负债表发生变化，这些实体现在希望通过购买其他资产来适应新的情况。这些支出就会导致这些资产的价格上涨，因此，货币供应量增加的影响就像湖面上的涟漪，会逐渐波及整个经济。资产价格的变化会导致相对价格结构和收入分配变化，而相对价格结构和收入分配变化反过来又会引发经济系统做出进一步的调整(Friedman，1969c)。

弗里德曼(1969f)按照坎蒂隆的思路对货币供应量变化可能产生的影响的

分析进行了扩展,阐述了公开市场操作导致货币通胀率上升的情形。[1] 他认为,公开市场操作交易会增加商业银行的流动性,从而使得商业银行能够扩大贷款活动。如果债券的卖家是商业银行本身,而且还有其他人出售债券,那么商业银行就有可能扩大它们的贷款业务,因为其他人可能会把出售债券所得的现金存入银行。债券的卖家现在有更多的现金,因此,他们想把现金花在其他资产上,这样就会推高其他资产的价格,从而导致其余资产变得相对比较便宜。随着时间的推移,新增货币会扩散到整个经济,并且影响更多金融资产的价格,从而使得非金融资产相对于金融资产变得比较便宜,进而诱使个人购买非金融资产。这反过来又会使市场上现有的非金融资产相对于新创造的非金融资产变得更加昂贵。非金融资产价格上涨也会引发财富—收入比率的上升,从而导致租赁资产比购买资产经济。因此,对生产服务和资本品的需求会增加,从而促使企业家生产更多的资本品。弗里德曼(1969f)就是这样描述货币通胀如何从金融市场蔓延到实体经济部门的。他还指出,对资本品的需求会转化为生产者收入的增加,这部分表现为原材料和制成品价格上涨;非金融资产的价格也会上涨,从而降低金融资产的相对价格。换句话说,个人现金余额的变化会影响相对价格,从而影响收入结构,进一步影响企业和个人的资产负债。

弗里德曼(1969g)认为,存在一个如此复杂的调整期,是货币政策影响经济有 6～15 个月时滞的原因。此外,这位 1976 年度诺贝尔经济学奖获得者声称,这并不是一种缺陷,而是一个逐渐影响经济的必要条件。换句话说,我们不应该谈论时滞的问题,因为货币供应量变化会产生直接、连续的影响,并且会以不同的速度影响不同类别的资产和行业(Friedman,1969g)。弗里德曼(1969d)据此认为,货币政策应以固定的规则为导向,货币供应量应以固定的百分比增长。基于同样的原因,他认为,即使货币供应量发生小幅变化,但如果发生在不恰当的时间,或者反复无常、不可预测,那么也可能对经济产生重大的影响(Friedman,1969e)。

鉴于以上这些因素,令人惊讶的是,弗里德曼在他的《最佳货币数量及其他论文》(*The Optimum Quantity of Money and Other Essays*)中的最后一篇文章

---

〔1〕 值得注意的是,弗里德曼认识到了坎蒂隆效应的本质,即新增货币注入经济的途径至关重要。他清楚地写道(1969),坎蒂隆效应会产生不同的影响,具体取决于中央银行是进行公开市场操作以增加黄金开采量,还是政府印发货币以支付其开支,或者是提高存款—现金比率或存款—准备金比率。遗憾的是,弗里德曼并没有深入展开这方面的分析。

(1969h)里表示,从长远看,货币供应量的变化只产生名义上的影响,主要是对一般价格水平的影响,而生产变化只是由于货币供应量平均增长率受到干扰而发生的短期变化。与此同时,弗里德曼表达了他的观点,即货币供应量变化不会影响实体经济变量的长期变化,因为实体经济变量取决于经济体制的类型、人口特征、自然资源的可获得性或技术状态等因素。换句话说,这位1976年度诺贝尔经济学奖获得者坚持认为,从长远看,"过渡效应"终将会消失,而经济则会回归由实体经济变量驱动的均衡路径。这一点相当令人费解,因为弗里德曼反复写道,由货币供应量变化引起的实体经济领域的变化可能会进一步影响货币领域,从而导致"实体"侧的进一步变化。弗里德曼(1969)另一个值得关注的观点就是他所谓的"摆动模式"(plucking model),即繁荣是危机后的一种重建方式,尽管在他早期的文章中,他认为这是一个过渡时期。此外,正如我们已经看到的那样,他对调整过程进行了精准的微观经济学描述,但他在谈到摆动模式和生产如何在货币供应量收缩后出现短暂下降时并没有详细阐述调整过程,而是似乎满足于高深莫测的表述:调整过程会因制度性的价格刚性而发生。然而,值得记住的是,弗里德曼是一个讲究方法的实证主义者,并且主要专注于研究实证数据(Benedyk,2012)。在某种程度上,他的观点迫使他关注总体价格水平或总产量等重要总量。但是,他必然无法检验任何关于货币政策影响生产结构和相对价格的假设。

新古典学派

新古典学派运用一个所有价格确保市场均衡、商业实体以最佳方式(即根据自己的理性目标和预期)表现自己的模型来考察货币政策对经济的影响。因此,货币幻觉被排除在外(Lucas,1972)。在一个由两个物理上分离的市场组成的经济体里,存在两种紊乱的状况:单个市场交易价值随机波动(从而影响相对价格);经济体中的货币数量随机变化(从而影响名义价格)。商业实体只从它们自己所在的、由探索过程决定价格的市场上获得关于经济状况的信息。因此,商业实体作为市场主体,是价格接受者,而价格保证市场持续出清(Lucas,1972)。由于制造商无法确定价格上涨是因为对他们产品的需求实际增长,还是仅仅由于货币供应量增加了,因此,经济体中存在货币非中性现象,具体表现为个体通过增加产能来对价格上涨做出反应。[1]

虽然新古典学派考察了货币供应量增加如何影响实体经济因素的问题，因此他们确实论述了货币非中性的问题，但他们的相关假设在分析中排除了坎蒂隆效应（Zijp and Visser，1994）。这是因为岛屿模型（islands model）假设个体——由于形成了理性预期，因此——知道一般价格水平的“真实”概率分布。因此，全体个体对他们所在市场的局部价格与总体价格水平之间的差异都有相同的看法。于是，两个市场上的行为主体同质，从而把模型简化为一个更加简单的代表性行为主体的例子。由于这个模型在原则上否定个体之间存在差异（Zijp and Visser，1994），因此，实际上也存在分配效应。这是因为，这个模型假设代表性实体不是普通企业（或个人）——就像在马歇尔的模型中，而是数学平均值（Zijp and Visser，1994）。任何偏离均值的偏差都会被拉平，从而使它们的期望值为零。这是一个不可持续的假设，正如笔者在前文中指出的那样，影响坎蒂隆效应的不同偏好、期望和生产活动不会相互抵消，而是彼此强化。

新古典学派采用的第二个假设排除了首轮效应的存在性，它预设价格由探索过程决定。如果所有的价格同时被确定，那么就能排除货币供应量变化对相对价格体系相继变化的实际影响。

另一个与新古典学派研究货币非中性的方法有关的重要问题是，他们使用的是与人无关的一般价格水平概念。企业家不是通过拿自己产品的价格与总体价格水平进行比较，而是通过对自己产品的价格与投入品价格进行比较的方式来进行决策。对于企业家来说，总体价格水平本身并不重要，重要的是他们产品的价格和投入品的价格之间价差扩大的可持续性。

因此，虽然新古典学派关注对货币非中性问题的研究，但按照哈耶克（1935）的标准，他们不切实际的假设和对总量的专注表明，他们的研究并没有对货币理论领域的进步做出显著的贡献。[2]

---

〔1〕 值得注意的是，虽然新古典学派强调区分相对价格变化与一般价格水平变化的不可能性，但奥地利学派却关注交易者观察到的价格反映消费者真实偏好的程度。

〔2〕 新古典学派和奥地利学派的经济学家都强调商业周期的货币成因，强调个体在缺乏完全信息的情况下采取行动；虽然新古典学派的创立和奥地利学派的复兴都发生在20世纪70年代，但是，关于这两个学派相似的观点似乎被夸大了。这两个学派使用完全不同的研究方法。正如布托斯（Butos，1986）指出的那样，新古典学派由于可用数学形式化技术而限制了他们的概念化，而奥地利学派认为，对诸如经济这种复杂事物的概念化会限制这些技术的使用。对数学形式化技术的使用迫使新古典学派采用一系列简单化和不现实的假设。例如，在一个特定的社会里，所有个体同质，于是就把分配效应研究排斥在外。因此，新古典学派就看不到货币非中性不但可能是由个人拥有的信息不完善和无法区分名义价格上涨与实际价格上涨造成的，而且可能是由货币供应量不均匀增加造成的。

奥地利学派

虽然就如我们已经看到的那样，现代不同经济学派确实考察了货币非中性的问题，但他们并不关心坎蒂隆效应的问题，而是专注于市场参与者如何对未来价格水平和他们没有预期到的变化的结果形成预期（新古典学派）以及为什么价格刚性（新凯恩斯学派）等问题。而奥地利学派长期以来一直批评认为货币中性的观点，强调货币通过特定的渠道流入市场，并以不均匀的方式逐渐扩散到整个经济。

哈耶克（1935）对货币数量理论进行了批判，认为货币数量理论关注的是一些重要的总量，而这些总量本身并不能解释市场现象的演化，因为它们并不影响个体的决策。这种理论排斥对相对价格变化和坎蒂隆效应的分析，因为只要总体价格水平保持稳定，产出就保持在“自然”水平上。此外，信奉这一理论的经济学家并没有真正解释一般价格水平的变化如何影响生产，他们似乎仅仅满足于指出这两种总量之间的相关性（Hayek，1935）。米塞斯（1953[1912]）认为，基于得到证明的货币中性（至少货币在长期内中性）的货币数量理论与方法论上的个体论格格不入，因为货币数量论是建立在诸如“价格水平”或“货币流通速度”等整体概念基础上的。因此，货币数量论不能解释货币价值变化的机理，因为它并不涉及决定各种市场现象的个体的主观价值评估。米塞斯甚至表示，货币中性的概念与效用的主观性质互相矛盾：

> 如果一个拥有 a 单位货币的人另外又获得了 h 单位的货币，那么，还认为他对 $a+h$ 单位货币存量的估值与他之前对 a 单位货币存量的估值完全相同是不正确的。因为这个人现在拥有更多单位的货币存量，所以现在他对每个单位货币的估值会小于之前的估值。但具体少多少，这取决于每个人的具体情况和他们的主观评价。两个同样富有的人，每人都有 a 单位的货币存量。在每人的货币存量都增加了 h 单位以后，他俩在估计货币价值时无论如何都不会得出相同变化的结果。比方说，假设他俩每人可支配的货币数量增加一倍，于是就认为他俩会赋予每个货币单位的交换价值减半，这绝对是荒谬的想法（Mises，1953[1912]，pp. 141－142）。

据此,米塞斯排除了价格同比例变化的可能性,即便某个特定社区全体成员的货币余额以相同的比例增加:

> 因为,即使在这种完全不可能的情况下,货币数量的每一次增加也都必然会引起需求状况的变化,从而导致部分经济品价格不同程度地上涨。然而,并不是所有的经济品都会有更加旺盛的需求,也不是需求变得更加旺盛的所有经济品都会受到同样程度的影响(Mises,1953 [1912],p. 141)。

只有在一种情况下,货币供应量(即使是稳定)变化(也)不会影响实体经济变量:如果所有的名义变量都立刻发生同值变化(Mises,1953[1912])。当然,这种情况是不可能出现的。此外,假设价格会同比例上涨,就消除了需要解决的问题,即货币供应量变化如何产生这种影响。

因此,在米塞斯看来,实际余额效应总是与分配效应同在(Salerno,1994)。所以,即使在稳步增加的极端情况下,货币也不会是中性的。但在现实中,新增货币总是导致只有部分人持有的货币数量增加。根据边际效用递减法则,对于现金余额增加的人来说,单位货币的边际效用会下降,促使他们增加支出,从而抬高某些商品(而不是全部商品)的价格。这将影响到其他人的收入,增加其他人的支出,并推高他们消费的商品的价格,但是:

> 价格上涨的幅度不可能完全调整到全部价格同比例上涨的程度,上涨后的商品价格彼此之间也不可能保持与上涨之前相同的关系。对于不同的经济品来说,货币购买力的下降也不会一致(Mises,1953 [1912],p. 140)。

米塞斯根据坎蒂隆的观点,阐述了货币在经济中逐渐扩散的过程以及这种现象对收入和价格的影响:

> 但是,这种价格上涨绝不会仅仅局限于那些最早获得新增货币可供其支配的人所需商品的市场。此外,那些生产这些商品以供应市场的人,他们的收入和相应的货币存量都会增加。反过来,他们也会对自己想要的商品有更加旺盛的需求,所以,这些商品的价格也会上涨。因此,价格上涨会继续下去,但影响力却递减,直到全部商品或多或少地受到价格上涨的影响(Mises,1953 [1912],p. 139)。

由于收入不会均匀增加,我们很难指望收入变化不会影响到相对价格的结构：

> 由于新增货币首先会被为数有限的经济主体获得，而不是被全体经济主体同时获得，因此，价格上涨首先只惠及这些人需要的商品；而且，价格上涨对这些商品的影响力要大于后来对其他任何商品的影响力(Mises，1953 [1912]，p. 140)。

虽然奥地利学派经济学家指出了货币通胀的分配效应，但他们也强调了这种通货膨胀的价格效应。最终，收入和财富分配本身并不会影响社会财富的增长，而正是价格结构的变化决定了生产结构和商业周期的进程(Hayek，1935)。

实际上，首轮效应是奥地利商业周期理论的基础。由于奥地利学派经济学家认为，市场上存在不断引导经济趋向于均衡的力量，因此，这一点完全可以理解。如果我们假设不受干扰的价格机制在给定的历史条件下无论如何都能有效地配置资源，并且协调普通大众的不同行为，那么造成市场动荡——商业周期(或者至少商业周期的某些阶段)就是这样一个例子——的唯一因素可能就是对定价机制平稳运行的干扰。当然，商品价格既受到货币因素的影响，也受到实体经济因素的影响。但不管怎样，驱动商业周期的因素——那些影响整个经济的因素——似乎必然在货币这一端，因为货币作为一般交换媒介，会影响全部商品和服务的价值："货币理论的本质就是对现金诱致型货币关系变化既不会同时也不会同等程度地影响各种价格、工资率和利率的认知"(Mises，1998 [1949]，p. 552)。

总之，在奥地利学派看来，货币供应量增加总会影响相对价格。具体可以解释如下：货币与其他商品不同，它没有自己特定的市场，或者——具有同样效果——在所有的市场上充当交换媒介。换句话说，每个人都是货币"交易商"，并且持有一定的货币储备(Salerno，1994)。因此，虽然某些商品(货币除外)市场的变化不一定会影响所有其他市场，但货币市场的变化——根据货币的定义——必然会(或多或少地)影响所有其他市场(Machaj，2012)。正如米塞斯(1998 [1949]，p. 415)权威地指出："在可售商品范畴发生的任何事情都不会不影响货币范畴，并且凡是发生在货币范畴的事情都会影响商品范畴。"

当我们意识到货币并不是真正在流通，而是始终存在于某人的现金余额中时，这一点就变得显而易见。因此，任何货币理论——如果想与个体主义方法论保持一致的话，那么——都应该通过参考希望根据新情况调整现金余额的个体做出的决策,来解释由货币供应量变化导致的价格调整。由于货币供应量的变化绝不会一致,因此“新增货币总是先增加某些经济主体可支配的货币存量”(Mises,1953[1912],p. 138)。

换句话说,因为货币要受制于市场独立行为主体的活动,并不是经济中加快交易速度的流通催化剂,所以货币不会对价格产生即刻、一致的影响。因此,中性货币的概念源自错误的整体主义方法论以及把两种均衡状态的静态分析结论错误地应用于动态的市场过程。很明显,一个其货币供应量是另一个经济体的两倍的经济体,在其他条件相同的情况下,它的物价也将是另一个经济体的两倍。但这并不是说,货币供应量的增加会导致价格同比例上涨(Mises,1953[1912])。与新古典学派不同,奥地利学派(假设在一个不断变化的世界,经济永远也不会达到均衡,但会努力趋向于均衡)长期以来更有兴趣探索真实的经济过程,而不是达成均衡的条件。

此外,奥地利学派经济学家不但强调货币供给量增加对收入和财富分配的影响,而且,更重要的是,强调对定价制度,特别是对负责在不同生产阶段之间配置资源的利率的影响。实际上,奥地利学派的商业周期理论是分析坎蒂隆效应的一种特殊变体的产物。这种理论考察了通过特定渠道——信贷渠道——实现的货币供应量增加如何影响利率这种特殊价格,从而导致生产结构发生变化。同样,我们可以说,奥地利学派认为,货币即使在长期内也非中性——因为,虽然经济中有力量不断引导经济趋向于均衡,但经济不会像信贷扩张之前那样保持均衡。

其他经济思想流派与发展方向

以上对历史上不同经济学派关于货币非中性,特别是坎蒂隆效应的观点进行了一般概述,当然绝非完整。笔者只是关注了那些从本研究的角度来看是最重要的经济学家或经济学派的观点。在这一节,笔者决定简要介绍几个到目前为止本书还没有详细讨论的经济学派关于货币非中性和首轮效应的观点。

真实商业周期理论

真实商业周期理论假定货币在长期和短期内都为中性,它颠倒了观察到的货币总量和生产相互依存的因果关系，并且认为货币供应量变化是货币当局应对实体经济动荡的结果(McCallum, 1986)。金和普罗索(King and Plosser, 1984)认为，在货币与经济活动之间观察到的显著相关性是由银行创造的内生货币与生产之间的关系造成的。更具体地说，一些真实外部冲击促成的生产率正变化会增加对交易服务和银行存款的需求。换句话说，外生货币中性，而广义的货币总量(如 $M1$ 和 $M2$)则通过内生货币与实体经济活动发生关系(Plosser, 1990)。[1] 因此，真实商业周期理论的支持者接受了古典学派的二分法，他们没有注意到，不可能把货币经济分成实体与名义两个范畴，因为根据货币经济的性质，价格要用货币来表示。[2]

货币非均衡理论

货币非均衡理论认为货币中性，而任何对“货币均衡”(理解为稳定的 MV)的偏离都会导致经济不协调。虽然奥地利学派的标准商业周期理论(ABCT)是一种认为货币供应量变化会导致经济不协调和投资不当的理论，但货币非均衡论者声称，货币需求变化有可能造成类似的问题。也就是说，只要货币均衡受到干扰，就会产生商业周期，不管干扰因素是来自货币供给侧还是需求侧(Davidson, 2012)。

在此基础上，这种理论的支持者认为，在货币需求量增加的情况下，为了保持货币均衡，必须增加货币供应量。然而，这是一种静态整体观。

货币总需求分析掩盖了这样一个事实：货币供应量增加产生的影响并不一定会抵消货币需求量增加的影响；恰恰相反，如果新增货币没有专门流到那些对新增货币有需求的人手中，那么货币供应量增加产生的影响与货币需求量增加产生的影响会彼此增强。换句话说，货币非均衡理论忽略了坎蒂隆效应。[3]

---

[1] 外生货币是经济资产，它与私人经济实体的债务(如黄金或基础货币)不相匹配。与外生货币相对应的是内生货币，如银行存款。

[2] 新货币经济学的追随者采取与真实商业周期学派完全不同的立场，他们认为，货币对于经济，实质上是一种不稳定因素，并据此认为，应该把货币的交换手段职能和记账单位职能区分开来(Cowen and Kroszner, 1987)。

[3] 此外，货币需求量变化不会引起宏观经济动荡，因为它们反映了个体偏好。预防性货币需求的增加不会导致失衡的货币过剩，但会引发各种商品和服务的需求下降，并导致价格下降(Davidson, 2012)。

对货币传导机制的经济学分析

这种分析对货币政策据以影响实体经济范畴的各种渠道进行了考察。在布鲁纳和迈尔策(Brunner and Meltzer,1988)看来,长期以来,经济学家在他们的分析中忽略了资产渠道的作用。他们认为,这是成熟的 *IS/LM* 模型造成的结果,因为这个模型假设经济中只有两种资产,因此无法研究货币供应量、金融资产和实物资产之间的关系。按照米什金(Mishkin,1995)的说法,货币学派之所以批评凯恩斯学派的观点,正是因为凯恩斯学派的分析局限于现金和债券,并且夸大了利率渠道的作用。货币学派虽然允许经济中有更多种类的资产存在,但关注(除了被主流观点视为持有现金选择成本的利率渠道以外的)两个其他资产渠道,即汇率渠道和资产价格渠道。货币供应量的变化不但会通过汇率的变化,而且会通过股票价格的变化——因此通过托宾 *Q* 比率(及其对投资的影响)和财富效应(因为股票价格上涨会导致股票持有人的财富感增强,从而鼓励他们增加消费)——对实体经济部门产生影响。

如上所述,货币学派考察了货币政策源自货币非中性特征的影响,从而使得货币政策的影响变得非常值得关注。然而,这并不是着重分析把新增货币引入经济的不同途径之间差别的结果,而是试图设计一种"最佳"货币政策的结果。在主流观看来,研究货币传导机制的经济学家考察了货币供应量变化对投资、生产或一般价格水平等总量的影响,从而妨碍了对坎蒂隆效应的正确理解。此外,货币在中央银行使用宏观经济模型和实施货币政策的过程中并没有发挥重要的作用(Rzońca,2014)。但是,注意到货币现象能够影响多种资产的价格,而不是像凯恩斯学派坚持认为的那样只会影响短期利率(Ireland,2005),无疑是在理解货币政策和货币供应量变化造成的干扰方面取得的重大进展。

对资产市场细分的经济学分析

研究资产市场细分和货币政策的经济学家认为,新增货币并不会同时到达全体商业实体的手中,从而导致货币短期内非中性。这种取向的部分研究者注意到,社会全体成员并不会在同一时间去银行取钱(Grossman and Weiss,1983),因此新增货币先是到达社会部分成员的手中;而另一些研究者考察了新增货币首批获得者是贷款人(Fuerst,1990)或者是活跃的证券交易商(Alvarez et al. ,2000)的情况。这似乎是一种很有前途的研究方向,这种研究方向试图把货币非均匀增加纳入分析。但应该注意的是,这个取向的研究者把"货币注入"的非对称性作为无限长寿的同质实体的一般均衡的组成部分来研究(如 Fuerst, 1990),从而使得我们很难正确理解坎蒂隆效应的基本意义。

混沌理论

最后,值得一提的是混沌理论及其在经济学中的应用。根据这种理论,初始条件下即使是很小的扰动也会导致整个过程的显著扰动。更重要的是,这种理论假设存在非周期函数,也就是说,混沌理论排除了同一增长路径存在周期性扰动的可能性。此外,即使初始变量出现微小的差异——如新增货币的分布路径,也会导致这个过程的最终结果出现巨大的差异(Butler,1990)。虽然我们并不认为可用确定性方程来描述经济现象,但混沌理论无疑表明,应该认识到,不但把多少货币注入经济十分重要,而且以什么方式把货币注入经济也很重要。混沌理论也承认坎蒂隆效应会导致经济系统发生持久的变化,而不仅仅是导致经济系统暂时偏离均衡路径(Zijp and Visser,1992)。

小　结

在本章,笔者阐述了坎蒂隆效应在经济思想史上受到的重视,说明了休谟对首轮效应的解释不同于坎蒂隆最初提出的版本,并且指出凯尔恩斯在这个领域的研究似乎已经被遗忘。

此外,笔者还表示,主流经济学家也认同弗里德曼提出的"货币重要"的观点。有人可能会斗胆认为,除了真实商业周期学派以外,自"货币主义反革命"以来[1],货币现象研究已经发生了方向性的变化,经济学家开始把商业周期与"货币"侧的冲击结合起来研究。本章充分回顾了关于货币传导机制的研究,证明了经济学家都认识到存在直接传导机制(即货币供应量变化会直接影响价格)和间接传导机制(即货币供应量变化通过利率产生影响)。

---

〔1〕 当然,在阐明这方面的"凯恩斯革命"和"货币主义反革命"论点时应该慎重。古典学派经济学家还认为,货币在短期内并非中性。凯恩斯学派也不是真的对货币供应量变化研究毫无兴趣——他们只是强调货币供应量变化要通过利率渠道才对经济产生影响。

不管怎样,应该指出两种重要的反对意见。首先,主流经济学家认为,货币供应量变化只在短期内对实体经济产生影响(不过,正如我们回顾的那样,货币供应量变化产生的这种暂时影响能够持续 10 年之久,于是有人坚信货币政策很重要);而且,这种影响会随着时间的推移而逐渐变小,直到过了很长时间经济恢复均衡时才完全消失(Cagan,1969)。因此,主流经济学家并不认为货币非中性是一种自然现象,而只是由一些市场缺陷(各种摩擦和时滞、价格刚性或者非理性预期)造成的结果。

其次,主流经济学家对坎蒂隆效应没有兴趣[1],而是专注于价格刚性(新凯恩斯学派)或信息不完善(新古典学派)。笔者认为,主要有如下几个原因造成了这种情况的出现:

第一个原因是,他们运用了基于总量的整体论宏观经济学研究方法。部分主流经济学家确实看到了货币供应量变化的分配效应,但认为这种效应在总体上相互抵消(如 Caplin and Spulber,1987)。

第二个原因是,虽然主流经济学家试图遵循微观经济学原理,但是,他们关于所谓的"代表性行为主体"、单一良好经济或者只有两类资产(货币和资本)的经济体的假设也妨碍了他们对坎蒂隆效应进行适当的考察。

第三个原因是,继承一般均衡传统的经济学家采用了一些价格是在即时、同步的探索过程中被确定的模型,这种定价模型不允许他们对货币供应量增加对价格结构产生的不均匀和渐进性影响进行分析。有人可能会斗胆认为,对这种现象的研究缺乏应有的重视是由均衡观造成的,因为均衡观把市场过程的最终结果等同于市场本身。关于货币中性的问题,均衡观假设货币供应量的增加会导致价格同比例上涨。换句话说,经济学家经常错误地把静态比较分析或易货

---

[1] 无可否认,有人似乎对这个主题更感兴趣。例如,戴利和瓦格纳(Daley and Wagner,2004)构建空间模型对通过以下两种不同的途径把新增货币注入经济产生的影响进行了比较:一是直升机按同比例在经济体的两个地区上空撒钱;二是直升机只在经济体的一个地区上空撒钱。结果表明,坎蒂隆效应导致这个经济体的经济结构发生变化,但不一定会导致经济体中的总量发生变化。安托尼森(Anthonisen,2007)也构建了一个新增货币在经济体空间上不均匀分布的模型。他指出,在这种情况下,货币供应量增加会影响相对价格和生产的结构。程和安格斯(Cheng and Angus,2012)对首轮效应进行了检验,结果显示,在政府通过财政赤字来筹措政府支出经费的情况下就会出现首轮效应。他们的模型证实了货币供应量增加的影响取决于谁先获得新增货币这个结论(他们把经济体的成员分为雇员和储户两类),特别是证明了新增货币先获得者以牺牲其他人的利益为代价来获益;储户无论是先获得还是晚获得新增货币,在通货膨胀时期都会受损。贝里斯维尔和科尔南德(Baeriswyl and Cornand,2015)通过实验比较了以信贷扩张和一次性货币转移形式增加货币供应量会产生怎样的不同影响。结果证明,只有前一种形式的货币通胀才会导致实体经济发生变化。因此,他们的实验证实了向经济中注入新增货币的方式非常重要。发展基于行为主体的模型有望能够增强研究人员对坎蒂隆效应的兴趣。

交易模型的结论移植到动态市场过程分析。

第四个原因是,由于缺乏先进的资本理论,主流经济学家无法追踪货币供应量变化对利率的影响,因此也无法追踪其对生产结构的影响。正如哈克尼斯(Harkness,1978)认为的那样,也许,这就是为什么标准的新古典学派模型考察货币供应变化对资产结构的影响,而不是考察对生产结构的影响。

第五个原因是,正如富尔斯特(Fuerst,1990)指出的那样,构建货币供应量变化的收入和财富分配效应数学模型是一项极其复杂的任务,从而导致经济学家没有勇气去解决这个问题。

第四章　坎蒂隆效应分类[1]

在前几章里,笔者主要讨论了货币中性的概念和坎蒂隆效应的理论问题。具体而言,笔者介绍了首轮效应的一般表现形式,并且指出,首轮效应主要表现为由新增货币较晚获得者和债权人向新增货币较早获得者和债务人的收入及财富再分配。虽然首轮效应的一般形式一直没变,但货币通胀的结果却有所不同,具体取决于哪种形式的首轮效应发挥了作用。换句话说,对于经济来说,不但货币供应量的增加很重要,而且增加途径也很重要。

因此,本章旨在确定并介绍各种可把新增货币注入本国经济的渠道。在这一章里,笔者将介绍增加货币供应量的不同机制能产生的不同经济效应以及它们对经济和商业周期的意义。已有相关研究没有进行这样的分类,似乎最完整的系统分类仍然是坎蒂隆在18世纪所做的分类。本章所进行的思考和提供的数据可以证明,首轮效应对经济具有重要意义,并且可用来解释许多经济现象。

坎蒂隆(1959[1755])分析了在一个给定经济体中增加货币供应量的各种可行途径。他区分了以下几种增加货币供应量的情况:国内金矿产量增加;对外贸易顺差的收入;来自国外的转移性付款(外国列强支付的补贴);旅游者购物(一些国家使节或旅游者的消费支出);移民的到来和财产转入;外来投资;战争赔

〔1〕 本章内容曾用波兰语以《坎蒂隆效应分类》(Classification of the Cantillon Effect)为题在《经济学》(*Ekonomia*)杂志上发表过,但形式略有不同。*Wroclaw Economic Review*(Sieroń,2015b)。

款;国家降低铸币中的贵金属含量;银行进行信贷扩张。在这一章里,笔者将参考坎蒂隆的分析,并用一些重要的观察结果来深化和扩展他的分析。

有两个基本标准可用来对能增加给定经济中货币数量的方法进行分类。首先,我们将区分创造新的货币单位以增加全球货币供应量(生产商品货币、发行法定货币[1]或者信用媒介[2])的情况,与(由于商品出口、外国旅游者支出、外来投资、外来移民和财产转入、单方面转移支付、外国援助或战利品等原因,导致)货币只是从一个经济体流入另一个经济体的情况。在这些情况下,世界经济某一部分货币供应量的增加会被另一部分同期货币供应量的减少所抵消。图4.1对这种货币供应量增加情况的分类进行了图示。

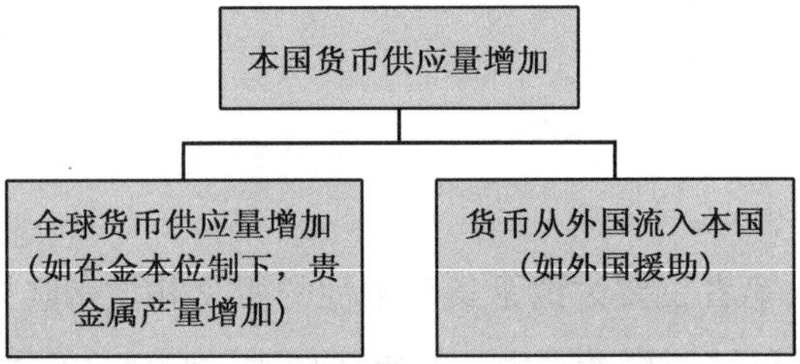

资料来源:作者绘制。

图4.1　特定国家无论是否创造新的货币单位,增加货币供应量的可能途径

虽然从全球经济的角度看,货币供应量只有在第一种情况下才会增加,但在本章中,笔者采用传统的透视法来剖析货币供应量也能通过货币从国外流入来增加本国经济。笔者相信,在坎蒂隆效应的语境下,这是一种更加有用的观点。笔者在这一章里解释了更多的经济现象,尤其是货币通胀和相对应的货币通缩并不会相互抵消彼此的影响,而是两者的影响能同时存在(因此,虽然从全球经济的角度看,一个经济体货币供应量的增加和另一个经济体货币供应量的减少可以相互抵消,但这两个经济体都要经历显著的变化也是事实)。

区分经济中货币供应量增加的渠道的第二个可能标准是增加货币供应量的

〔1〕 法定不可兑换的纸币是一种没有内在价值的货币,既不是具有商业价值的商品(即商品货币),也不是商品的所有权凭证(Hoppe,1994)。

〔2〕 信用媒介是一种货币替代品(被认为是可与货币互换的货币主张权利),但并没有全额准备金支持,因此不同于有全额准备金支撑的货币凭证(Mises,1998[1949])。例如,如果一家银行吸收了100美元的现金存款,只拿其中的10%作为准备金(即真正的货币),并把其余存款贷放出去,从而创造存款,那么,这10美元的存款就是货币凭证,其余都是信用媒介。

渠道的性质,即它们是市场性渠道还是非市场性渠道。[1] 这是一个极其重要的问题,因为——在奥地利学派的一些代表人物(如 Huerta de Soto,2006)看来——只有在货币领域违背自由市场原则的情况下才会出现商业周期。在这一章里,笔者使用这两个标准来区分增加经济中货币供应量的渠道,而后一个标准则是较好的标准。表 4.1 列示了对增加经济中货币供应量的市场渠道和非市场渠道进行的分类。[2]

表 4.1　　增加经济中货币供应量的市场与非市场渠道

市场渠道	非市场渠道
全球货币供应量增加	**全球货币供应量增加**
私人铸造商品货币	国家铸造商品货币
私人发行法定货币	降低铸币贵金属成色
货币从国外流入	印发纸币
外国旅游者支出	信贷扩张
外来移民转入(清算)财产	**货币从国外流入**
单方面外国转移支付	战利品
商品出口	政府间援助
外来投资	发行公债

资料来源:作者绘制。

本章的其余部分安排如下:第一节分析增加货币供应量的市场渠道;第二节分析增加货币供应量的非市场渠道。

增加货币供应量的市场渠道

"市场渠道"一词可理解为那些不违反自由市场的自愿原则,因此不是依靠

---

〔1〕 我们也可以从新增货币从某个给定经济体开始其"旅程"的地方着手分析坎蒂隆效应(Nenovsky,2002)。但笔者认为,新增货币最终流入经济体系的渠道比它在经济系统中"旅行"时实际到过的地方更加重要——例如,中央银行可以通过标准的公开市场操作和实施量化宽松的货币政策等非常规活动来创造基础货币。

〔2〕 已有相关研究把货币分为内生货币和外生货币两种。虽然这种区分有它的用途,但并不总是精确的。例如,尽管增加黄金开采是对黄金价格作出的反应,但一般认为,金本位制下增加黄金供应量是外生性的。此外,现有相关研究(Knakiewicz,1998)中,关于"在现代货币制度下,中央银行是以外生方式增加基础货币供应量,还是为满足银行系统的需求(因此是内生地)增加基础货币供应量"的问题仍存在争议。由于这些原因,笔者在本章没有使用这个标准。

强制手段的渠道(Weber,2004[1919])。[1]

从理论上讲,有两种市场渠道可增加全球货币供应量(创造新的货币就会出现这种情况):生产商品货币(商品货币是指除了货币用途外还有非货币用途的货币)和私人发行法定货币。然而,在现实中,第二种选择从未发挥过重要作用。[2] 虽然私人已经并将继续发行法定货币,但应当指出,至少到目前为止,没有一种私人发行的法定货币真正达到货币的地位,即一般交换手段的地位。[3] 因此,本节将重点讨论第一种增加全球货币供应量的市场渠道,主要是因为从历史上看,这种市场渠道一直是增加全球货币供应量的基本市场渠道。数千年来,贵金属开采一直是新货币流入经济的最重要渠道。

在说到私人货币从一个经济体流入另一个经济体的市场渠道时,我们区分了商品和服务出口,包括外国旅游者在给定经济体的支出、外来移民及其清算资产的转入、单方面的外国转移支付和外来投资。[4]

商品货币的私人生产

坎蒂隆(1959[1755])认为,在金矿增产的情况下,新开采的金块首先到达矿主和矿工的手中,然后到达金矿供应商(如采矿工具制造商)的手中,之后就逐渐扩散到整个经济的各个部门,从而推高黄金价格。

商品和服务价格的上涨会对新增货币晚获得者、固定收入者(Roske,1963)以及世界市场上有替代品的出口商和企业的竞争力产生负面影响。此外,黄金开采业增加工资,会导致其他行业的雇员外流。生产要素大量流入黄金开采业,

---

〔1〕 因此,笔者省略了国家机构(政府、中央银行)创造货币或私人在获得国家某些特别授权(商业银行在部分准备金的基础上开展业务)后创造货币的情形;换句话说,由于部分准备金制度可被视为违反传统法律原则(Huerta de Soto,2006),因此,在这个问题上,笔者假设没有信用媒介(并不是基于真正货币的货币替代品)。笔者的分类依据是奥本海默(Oppenheimer,1926)建议区分的、我们能够据以致富的经济措施和政治措施:前者是生产以及个体间的和平交换,后者是暴力与抢劫。按照奥本海默的说法,国家主要采取政治措施来致富。

〔2〕 根据许尔斯曼(Hülsmann,2008)的说法,这是由于自由市场上的个体总是更加喜欢商品货币,而不是不可兑换的法定货币。原因在于,商品货币没有全部损失的风险(因为商品货币还有非货币使用价值)。在他看来,法定货币只是政府干预货币领域的产物。

〔3〕 当然,这里用“一般”并不十分准确,但以下说法并无大的过错:这些货币,包括比特币,还没有达到一种任何其他商品(至少在一个给定地区)的任何潜在买家必须获得它们的商品地位(Sieroń,2013)。

〔4〕 笔者无意详细讨论各种可把货币注入经济的国际收支渠道,而是拓展坎蒂隆(1959[1755])的分析。当然,每一种分类都是武断的,但笔者认为自己在这里举的例子涵盖了所有增加全球货币供应量或者把货币转移到某个经济体的最重要途径:商品贸易支出、服务贸易支出、单方面转移支付、资产转移和外来投资。

就是所谓的“淘金热”的表现特征(Gilbert,1933;Maddock and McLean,1984;Roske,1963),并且具有所谓的“荷兰病”的全部特征(Neary,1982)。黄金供应量增加会导致国内价格上涨[1]、某些(与黄金开采和加工无关的)部门会失去竞争力并增加进口(通常是增加过去出口商品的进口),从而导致黄金外流。

但应该指出,进口增加不应该令人惊讶,因为出于明显的理由,黄金开采国在货币生产领域具有比较优势。这样的国家相对于其他国家会有一定的收益进账,因为它们的公民可以把更多的收入花在价格稳定的进口商品上(Cairnes,1873)。此外,黄金供给是通过市场参与者参与货币私人生产的自愿行为增加的。黄金供给还受到贵金属天然稀缺性和盈亏自我调节机制的限制,这也解释了所谓“淘金热”的短期性质。货币供应量的增加会导致价格和工资上涨,而价格和工资上涨不但会鼓励移民(Maddock and McLean,1984)——移民有助于缓解工资上涨的压力,导致黄金外流,减轻价格上涨压力,而且会降低黄金开采业的利润率。开采黄金——例如,与中央银行增加基础货币不同——要受到市场机制的约束,而且也不能随意增加产量。换句话说,增加黄金开采的决策取决于采金利润率,并且反过来又决定黄金相对于其他商品和服务的价格,即货币的市场购买力。

为了说明这一点,有两个方面值得注意。首先,根据斯库森(Skousen,1990)的研究,包括所谓的淘金热时期在内,从来没有哪一年的黄金产量使黄金总存量增加5%以上。因此,这种方式导致的货币通胀规模相对较小。其次,黄金供应量的增加意味着黄金价格的下降,因此会对以黄金为原材料的行业(珠宝业、工业)产生积极的影响。

外国旅游者支出[2]

外国旅游者支出的增加,就像货币供应量增加一样,会导致国内价格上涨,有些人会因此而获利,而另一些人则会因此而蒙受损失。新增货币首批获得者——广义旅游业的业主及其员工——就能获益(Bond and Landman,1972),而固定收入者以及国内与旅游业无关或完全不同的行业的从业人员则获得新增货

---

〔1〕 与此同时,土地、房产等不可贸易商品或服务的价格涨幅要大于可贸易商品的价格涨幅(Gilbert,1933;Maddock and McLean,1984)。

〔2〕 参见 Sieroń(2015d)。

币相对较晚，而且在获得新增货币之前必须花费更多的支出——例如，购买建筑服务或在国内度假(他们的收入赶不上价格上涨)。[1] 由于房地产和土地价格上涨，购房者会受到特别大的影响，那些房屋和土地租赁者也是如此(Ardahaey, 2011)。[2] 因此，外国旅游者支出的坎蒂隆效应(即收入和财富的再分配效应)似乎是反对政府支持旅游业的论据。

通过旅游收入渠道增加货币供应量有两个特点。首先，旅游业相对而言是劳动密集型行业，因此，这个行业外国旅游者支出的增加会转化为较高水平的就业增加(Bond and Landman, 1972)。[3] 其次，由于外国旅游者的支出主要用于消费(如酒店住宿、餐饮、购物等)，因此不利于经济增长，因为经济增长主要依靠储蓄和投资。在这一点上，值得注意的是，外国旅游者的支出反映了世界其他地区个体的偏好(因此，外国旅游者支出的增加可被解读为“一价法则”，适用于可比旅游商品和服务)，因此具有全球性的平衡效应。

外来移民与现金资产转移

外来移民通常出现在生活水平较高的国家，因此具有熨平全球实际工资不平等的特点。外来移民和现金资产的转入会增加移民目的地国家的货币供应量，从而产生坎蒂隆效应。虽然很难先验地推测外来移民究竟会把他们带来的钱花在哪里，但我们可以斗胆认为，外来移民的受益部门主要是房地产业——因为随着需求的增加，房地产价格和租金会上涨——以及房地产业的供应商，如建筑商和家具商。因此，那些在外来移民到来之前就签署长期租赁合同的业主会受到损害，还有当时无力购买或租赁自己心仪的公寓的边缘购房者和租户也会受到损害。以色列的例子证实了这一假设，许多苏联公民在 20 世纪 90 年代初移民来到以色列。根据宾斯托克和费雪 (Beenstock and Fisher, 1997)的报告，

---

[1] 在现代货币制度下，本国货币的卖家和进口商也会相对获利，而出口商则会蒙受损失，因为外国旅游者的消费支出会增加对本国货币的需求，并且导致本国货币汇率上涨。

[2] 这种影响似乎在岛屿经济(和沿海地区)中最大，因为那里的土地供应受到自然条件的限制，而且外国旅游者的需求也很旺盛。价格上涨可能非常显著，以至于有些居民可能被迫离开对旅游者有吸引力的地区(Buchsbaum, 2004; Wilson, 1976)。

[3] 此外，由于——正如李和康(Lee and Kang, 1998)指出的那样——这个行业的工作一般不需要任何特殊的资格，但也挣不到高薪，因此通过旅游渠道增加货币供应量，一方面，对最贫困群体相对比较有利，从而会增加他们的需求并且导致产品结构向着他们需求的产品发生变化；另一方面，相对比较贫困的人往往会减少持有资产(如土地)，因为这些资产的价格会随着外国旅游者消费支出的增加而上涨(Shah and Gupta, 2000)。此外，由于本国货币升值或本国生产要素价格上涨导致其他出口部门情况恶化，因此，旅游业为最贫困群体带来的收入往往少于他们失去的收入(Blake, 2008)。

这种移民造成的短期影响是房地产价格大幅上涨(从 1989 年到 1995 年,价格翻了一番)。这种增加货币供应量的方式的第二个特点也许是导致社会储蓄率上涨,消费品价格相对下降,投资增加,延长生产过程——有研究表明,外来移民比当地居民有更高的储蓄倾向(Piracha and Zhu,2007)。

私人单方面外来转移支付(汇款)

私人单方面外来转移支付也会增加货币供应量并导致价格上涨,从而在接收国产生坎蒂隆效应。通过私人单方面外来转移支付这个渠道产生的首轮效应的确切影响,取决于接收国的支出结构。如果收到外国转移支付的家庭相对于其他家庭进行更多的投资,而不是消费——就如卡斯塔尔多和赖利(Castaldo and Reilly,2007)认为的那样,那么私人单方面外来转移支付就有助于经济增长,同时也会导致资产价格相对上涨(Adams,1991)。这个增加货币供应量的渠道有一个显著的特征,那就是定期收到的外来转移支付增加了接收者的可支配收入,但有可能导致劳动力供给减少,对生产产生负面影响(Jansen et al.,2012)。同样重要的是,私人单方面外来转移支付有可能被认为是全球经济工资均等化的结果——因此,通过这个渠道促成的货币供应量增加具有内生性和均衡化的特点。

商品出口

货币流入国内的另一种方式是向国外销售(出口)商品。[1] 当然,首轮效应通过出口渠道产生作用的主要受益者,无疑是出口商和他们的供应商。出口商及其供应商的相对受益使得这种货币通胀方式不同于其他方式,并且可以部分解释政府普遍支持出口的原因,但并不总是与总体经济效益相关。如果出口商及其供应商把自己增加了的现金余额用于国内,那么国内商品和服务的价格就会因此而上涨,并且过一段时间以后就会导致出口利润下降和进口增加。因首轮效应发挥作用导致的相对受损者是那些没有外国替代品的商品的消费者,即服务、地产和房产购买者。就像通过其他市场渠道增加经济中货币供应量的情况一样,出口引发的货币流入是自愿交易(实际上是交易一方取得)的结果,而这

---

〔1〕 值得注意的是,外国旅游者的消费就相当于商品和服务出口。由于外国旅游者的消费支出主要花在服务上,因此我们在这一节主要关注商品出口。

种自愿交易能反映参与交易的个体的偏好。因此,这种货币转移具有平衡性质,会根据"一价法则"促使国际范围内的价格均等化。

外来投资

坎蒂隆提到的最后一种能把货币引入经济的市场渠道是外来投资。这位爱尔兰经济学家指出,流入爱尔兰的外来投资降低了爱尔兰的利率。他可能认为,货币供应量变化对利率的影响取决于首轮效应发挥作用的具体方式。换句话说,坎蒂隆当时已经认识到,利率下降不仅仅是因为经济中货币供应量的增加,而且因为新增货币通过贷款人的现金余额进入了经济(Cantillon,1959[1755])。首轮效应通过这种渠道发挥作用的受益人,首先是股票和债券发行人、能够按较低利率借到所需资金的全体借款人,以及经手输入资本的广义金融部门和目前(由于利率下降而)价格上涨的资产的所有人——不管新增货币何时到达他们的手中(如果会到达他们手中的话)。由此可见,股票和债券发行人并不是直接因为他们发行的证券需求增加而获利(因为二级市场交易不会增加上市公司的可用资本),而是通过降低他们现在可以获得的资本成本来获利。与此同时,由于外国竞争,国内贷款人处于相对不利的地位——不得不降低他们收取的利息。

与通过其他市场渠道增加货币供应量的情况相同,通过外来投资增加货币供应量也会产生首轮效应,具体表现为新增货币首批获得者和某些资产的所有人的收入增加,并因此导致社会内部的收入再分配。这种增加货币供应量的市场渠道可谓独一无二,因为——与前面介绍的市场渠道不同——通过这个渠道流入经济的货币并不会导致购买力的单方面转移支付,也不会用于支付各种商品或服务消费支出,而是成为投资于股票、债券和房地产等不同资产或者投资于实物资产创建企业的储蓄。这种增加货币供应量的市场渠道会产生两方面的影响。

首先是导致利率下降,并引发不同类别资产(具体取决于新增货币先冲击哪个市场)的价格逐渐上涨。

其次是导致投资和生产增加。虽然我们经常能在相关研究文献中看到一些认为外资流入过度有可能会导致经济不稳定和金融危机的观点(Reinhart and Reinhart,2008),但仍有必要区分,是仅由自愿性储蓄(我们在本章讨论的唯一一种储蓄)提供资金的投资增加,还是资本输出国通过信贷扩张提供资金的投资增加？在前一种情况下，外国投资似乎不会触发商业周期现象，而是有助于资本输入国经济的持续增长——生产性利用大量储蓄的结果。这是因为，资本在自由市场上流动，完全由内生因素（在我们的语境下，就是由经济系统的因素），比如利率结构所决定。换句话说，如果所有的其他相关因素保持不变，储蓄会流向利率较高的地方，从而导致全球范围内的利率均等化。

增加货币供应量的非市场渠道

笔者在这里说的"非市场渠道"，是指那些违反自由市场自愿交易的原则、建立在强制基础上的增加货币供应量的机制，它们既包括增加全球货币供应量的渠道，也包括来自国外的转移支付。关于前一类渠道，笔者区分了铸币贬值（降低成色或者减轻重量）、印发纸币和信贷扩张；关于后一类渠道，笔者详细介绍了战利品、外国公共援助以及本国政府举借的外国贷款。笔者决定改变介绍这两类渠道的顺序，先介绍国外转移支付，并且把货币创造的问题尽量放在后面讨论。

战利品

笔者用"战利品"这个词来表示，主要是由于军事行动或战争赔款，通过使用暴力（或威胁）而从其他国家转移或窃取的钱财（货币）。战利品的非市场性质显而易见：一个国家强行拿走属于另一个国家公民或政府的钱财（货币）。虽然战争赔款是对战争期间所受损失的赔偿，但我们在这里也把它们包括在"战利品"中，因为它们构成了与国家间军事行动有关的强制性资金转移。历史告诉我们，这种给经济注入新增货币的方式有时会对货币输入国经济产生相当大的影响。例如，法国在 1871 年战败后不得不向普鲁士支付战争赔款。法国那年支付的战争赔款占法国当年国内生产总值的 22%，而占普鲁士国内生产总值的比例则略微小一些（Devereux and Smith，2005）。布尔（1999）认为，战争赔款可能是造成德国经济繁荣和随后 1873 年危机的原因之一。这种导致货币通胀的渠道具有首先影响政府和军事部门的特点。值得注意的是，坎蒂隆效应也许能够部分解释为什么不同国家经常卷入代价极其高昂的敌对行动。即使整个经济都卷入战争无利可图，统治者也肯定能通过发动战争获益。这是因为最终获得的资金首先进入政府部门以及与政府部门密切相关的部门(主要是军事部门),而发动战争的成本则由社会很多成员分担。

非市场外国援助

“非市场外国援助”在这里是指官方发展援助,包括赠款和优惠贷款。[1]

由于有许多不同的援助项目,因此,很难说明通过这一渠道向经济注入新增货币的一般影响。尽管如此,由于政府部门通常负责分配官方援助资金,因此认为政府部门是外国援助的第一受益者和主要受益者是有道理的(Boone,1995)。[2]

因此,以外国援助的形式实现的货币供应量增加会促进公共部门获得发展,但以牺牲私人部门为代价(Friedman,1958),进而导致收入(以价格上涨的形式)从普通大众向统治阶级和支持统治阶级的实体进行再分配(Khan and Ahmed,2007)。据此,我们可以斗胆认为,有更多的资金以非市场外国援助的形式流入经济,从长远看会对经济增长产生负面影响。布恩(Boone,1995)研究表明,这些资金绝大部分会花在消费上。换句话说,外国援助本身不能促进受援国的经济增长,受援国要想利用外国援助来促进本国经济发展,就必须在接受这种援助之前具备适当的投资条件。非市场外国援助会增加受援国政府的可用资金供给,从而减轻经济改革的压力,而经济改革能为私人投资者创造适当的投资条件(Friedman,1958)。

外国援助与能表达个体自愿偏好的私人外来转移支付不同,外国援助往往是由政治因素决定的,并且在某种意义上构成官方消费(往往由政府官员决定援

---

〔1〕 官方发展援助是援助国政府官方机构或国际组织为支持发展中国家经济发展和社会福利而向发展中国家提供的捐赠和贷款(但包括那些捐赠至少占援助额25%的贷款)(OECD,2008)。官方发展援助是一种增加货币供应量的非市场渠道,因为这种援助是直接或间接(通过非政府组织)在有关国家政府之间转移购买力(Friedman,1958)。援助国必须先以税收的形式从本国公民那里获得或者通过创造货币获得要转移(援助)的资金。值得注意的是,从这个观点出发,这些结论在经过必要的修改后也适用于欧洲基金。与官方发展援助一样,欧盟基金的资金流入也会造成一些负面影响,这是坎蒂隆效应的具体表现,即欧盟基金的资金实际上是以非市场外国援助的形式进入受援国经济的。同样值得注意的是,如果欧盟资金接收国在中央银行把欧元兑换成本国货币,那么欧盟资金的流入可能会增加接收国的基础货币。事实上,近年来波兰国家银行把欧元资金兑换成波兰兹罗提资金(Polish zloty),一直是决定波兰银行业准备金规模和流动性水平的因素之一(Kaczor and Soszyński,2010;Zajder,2008)。

〔2〕 在坎蒂隆效应的这种表现中,谁将是接下来的受益者,要取决于受援国政府对援助资金的具体分配。根据经合组织(OECD,2015)的数据,2013年对发展中国家的援助主要是针对社会需求(38%,如教育、卫生、人口、政府和公民社会)、经济需求(22%,主要是运输、通信和能源部门)以及生产需求(8%,主要是农业、林业和渔业)。

助形式和援助资金的分配)。外国援助有一个重要的特点,那就是没有平衡效应,相反却会造成许多负面影响,如导致包括生产要素在内的国内商品价格上涨[1],从而导致许多商品私人生产的利润率下降、公共部门增长(Lal, n. d.),以及相伴而来的挤出效应、腐败加剧和政府投资不当(Osterfeld, 1990)。

对这一点进行总结,就不难发现,通过外国援助形式发挥作用的坎蒂隆效应会导致收入从援助国纳税人(通过税收)和受援国公民(由于价格通胀)向受援国公共部门和相关实体的再分配;而且,收入还会再分配给全体援助资金配置的参与者(如非政府组织的成员)。首轮效应可以解释援助项目受到广泛支持的原因,部分是因为没有考虑到援助资金不是均匀地注入发展中国家经济,而是通过政府部门和相关实体注入发展中国家经济(Bauer and Yamey, 1983)。

外国公债

借外国公债是坎蒂隆(1959[1755])提到的债务国通过国外转移支付增加货币供应量的另一种渠道。借外国公债是一个增加本国货币供应量的非市场渠道,因为债务国最终只能用自己创造的货币或征收的税收来偿还债务。这种增加经济中货币供应量方式的主要受益者是公共部门(和债券交易商),然后是公共部门支出的受益者。

由国家发行债券会导致公共债务增加,在其他条件不变的情况下,会导致公债利率上涨,然后导致其他利率上涨(因为政府债券的利率被视为“无风险利率”,并被作为确定其他证券债务利率的基础),因而会产生挤出效应。因此,通过这个渠道增加货币供应量不会触发商业周期——由于利率上涨,许多之前利润丰厚的投资项目的利润率将会下降,生产结构将会缩短(生产阶段数量减少)。通过这种渠道引发的货币通胀还会造成部门间的扭曲,因为收入从国内纳税人重新分配给政府、金融部门和外国贷款机构,由此促成另一种非市场支出结构,并导致相对价格和生产结构发生变化。

政府借外债有两个特点。首先,货币供应量增加不稳定,仅限于债券的偿还日或在二级市场上卖给国内投资者时。其次,由于债务需要支付利息,因此,公

[1] 毋庸讳言,在出口经常扮演重要角色的发展中国家,货币供应量增加,因而价格普遍上涨,有可能造成严重的后果,并且无法体现外国援助背后的崇高意图,而且在最好的情况下也无助于受援国的经济增长(Rajan and Subramanian, 2009)。

债具有通货紧缩的特征。但无论如何,公债的通胀效应和紧缩效应并不会相互抵消。需要支付利息这一点也决定了以这种方式筹措资金的费用类别。从历史上看,除了政府和为这些交易提供服务的银行部门外,外国贷款流入的最大受益者是军事或建筑部门,因为各国政府几乎都是为了军费开支或基础设施投资而举借外债(Hoppe,1995)。

但在现代货币制度下,政府发行的债券更像是一种创造货币的工具,因为政府发行债券要通过中央银行间接实施货币化。政府债券在被商业银行收购后,通常就成了基础贷款,从而导致经济中货币供应量的增加(Buchanan and Wagner,1967)。

铸币贬值

从历史上看,铸币贬值是增加全球货币供应量的第一种也是使用时间最长的方式,这是因为人类文明的大部分地区都使用商品货币。纸币直到 17 世纪才出现(如果我们把今天意大利发行的本票也算在内,那么纸币就出现在 14 世纪)。

铸币贬值也称为“货币兑换”(peioratio monetae),其实就是减少铸币中相对于面值的金属含量。有三种方式(或它们的任何一种组合)可让铸币贬值:一是减轻铸币的重量;二是降低铸币成色;三是在不改变铸币贵金属含量的情况下提高面值。通过第一种或第二种方式获得的贵金属用于铸造新的铸币,然后供应皇家金库(国库)。因此,铸币贬值是建立在统治者(或铸币厂主)与公民之间存在一定程度的信息不对称的基础上的。统治者(或者铸币厂主)知道他们投入市场流通的铸币,其名义价值与贵金属含量价值不一,而公民并不总是知道这种情况,并且要在承担一定的交易成本后才能了解这种情况。最终,公民会明白流通中铸币的名义价值与它们的含金量不符,他们就会拿新铸币折价兑换足值铸币或者金条,从而导致用新铸币计价的商品和服务价格上涨。

通过这种渠道产生的坎蒂隆效应的受益人主要是净债务人和新增货币的首批获得者,即主要是一般公共行政管理机构和军事部门(主要是军队),因为降低铸币成色或含金量主要是为了给军事行动筹集资金(或者是为了偿还之前的战备贷款)。此外,铸币厂主、金匠、货币交易商、供应冶炼厂和铸币厂铸币金属的矿主以及黄金和大面额铸币(因为大面额铸币贬值较少)持有人也会因为铸币贬值而受益。但是,净债权人和固定款项接收者却要蒙受损失。最常见的是,按固定费率收取租金的僧侣和土地所有者(绅士)要蒙受损失(Bordo,1986)。因此,中世纪欧洲君主与僧侣或有钱人之间经常发生冲突,也就不足为奇了。那些获得新增货币相对较晚的人或者最晚了解自己收到的铸币真实含金量的人(即通常是社会最贫困阶层的成员)以及那些领取固定工资的雇员也属于蒙受损失的一方。

由铸币贬值导致的货币通胀(与后来印发纸币导致的通货膨胀相比)规模相对较小(Hulsmann,2008)。这种增加货币供应量的途径是与重要的约束因素联系在一起的:除了大幅度提高铸币价格外,统治者不能任意增加黄金,他们也无法强迫他们的臣民上缴黄金首饰和旧铸币以熔化重铸,而重铸毕竟会导致铸币损失古董价值(Spufford,1988)。此外,根据格雷欣—哥白尼法则(Gresham-Copernicus Law),铸币贬值还受到黄金外流威胁的阻止。铸币贬值的过程(至少对社会部分成员来说)也相对比较容易察觉,因为铸币是一种证明货币重量和金银成色的凭证——毕竟,对于铸币来说,重量和成色从物理的角度看是不可分开的。

国家印发纸币

通过印发纸币——最初最常见的是货币替代品(或者土地所有权凭证),后来取消或推迟把它们兑换成真正的货币——增加货币供应量所产生的坎蒂隆效应[1],在性质上并非不同于通过让铸币贬值增加货币供应量所产生的坎蒂隆效应,因为在这两种情况下,都是通过公共支出(公共行政部门的薪水、军队官兵的军饷等)把新增货币注入经济的。这就意味着,以这种方式产生的首轮效应不会导致商业周期,而只会刺激接受公共支出的部门(从历史上看,主要是军事部门),从而导致部门间混乱,而不是跨期混乱。

因此,新创货币的首批持有者,即债务人和那些接收黄金付款(或拥有黄金)的人总能通过坎蒂隆效应获益,而因为坎蒂隆效应蒙受损失的是债权人(僧侣、

---

〔1〕 正如笔者在前面提到的那样,纸币在17世纪的欧洲已经得到广泛使用,部分原因是国家铸造铸币导致货币混乱,最终在劣币危机(Kipper und Wipperzeit)时期达到了登峰造极的地步(Schnabel and Shin,2006年)。银行对存入铸币称重并检测成色,只接受高质量的铸币,银行就是采用这种方法来解决信息不对称的问题。主要是由于这个原因,纸币就成了较好的货币替代品(它们不像铸币那样容易磨损,而且成本较低,使用起来也比较方便)。虽然银行券最初完全由黄金担保,但各国政府很快就意识到,发行纸币(银行券)有可能导致比降低铸币币值更加严重的货币通胀。

贵族)、最后收到新创货币的人、不使用金条的人(穷人、农民)和固定收入者(政府行政人员、军人、教师)。就如铸币贬值一样,(根据格雷欣—哥白尼法则)政府发行的纸币——如果法律规定新发行的纸币等同于以前使用的商品货币,那么就——可能会导致黄金外流。黄金供应量减少会导致紧缩性坎蒂隆效应(与通胀性首轮效应同时发生),并且会抑制一般价格水平上涨。

铸币贬值与增加纸币供应量之间的基本区别是数量上的区别:政府增发纸币有可能导致更大规模的货币通胀,从而显然会导致更加强劲的价格上涨和坎蒂隆效应。罗马银币大约贬值了 270 年才退出流通,而法国大革命时期发行的纸券或美国发行的大陆币则只用了几年就退出了流通。根据伯恩霍尔茨(Bernholz,2003)的研究,所有已知的恶性通货膨胀都是因为过度印发纸币造成的,而由黄金供应量增加导致的价格通胀,平均而言,每年不超过 2%。

但值得注意的是,现在的基础货币(以现金和银行准备金的形式)由中央银行来增加。中央银行创造基础货币也会导致坎蒂隆效应,但这种坎蒂隆效应与政府印钞导致的坎蒂隆效应相比,对物价上涨的影响比较有限。这是因为在现代经济中,中央银行应商业银行的要求增加纸币供应量,而商业银行则要把准备金存在中央银行(McLeay et al.,2014a)。过去,中央银行——就像魏玛共和国由债务直接货币化造成恶性通货膨胀时期的德意志帝国银行 (Bresciani-Turroni,2007)那样——通过自己的运作把纸币注入经济。如今,中央银行的操作(如公开市场操作)会导致银行准备金而不是现金增加。由于银行准备金只能用于商业银行之间以及它们与中央银行之间的交易,而不能用于它们与普通公众之间的交易(McLeay et al.,2014a),因此银行准备金供应量的增加并不会(自动)导致价格上涨。[1]

信贷扩张

国家创造货币会使公共开支增加,但政府直接印钞并不能降低利率,因此不能创造(人为的)经济繁荣。只有通过银行操作——更加具体地说,只有通过信贷扩张——才能收到这种效果。这就是历史上有的国家银行提供贷款,而这些

〔1〕 这就说明了为什么——没有像很多人担心的那样——主要国家中央银行在 2008 年金融危机爆发后实施量化宽松政策并没有导致恶性通货膨胀,甚至没有导致显著的价格通胀(可理解为消费品和服务的价格上涨)。

银行最终演变成现代中央银行的原因之一。最初,是通过建立公共土地银行来发放土地抵押贷款(Kemmerer,1939)。约翰·劳(John Law)领导的国有皇家银行为购买股票提供贷款(Hamilton,1936)。在魏玛共和国恶性通货膨胀时期,德意志帝国银行没有为购买土地或股票提供贷款,而是直接和间接地把公债货币化,而且还对商业银行提交的私人证券进行贴现。因此,土地、股票或其他特定市场并没有出现严重的投机泡沫,而是出现了普遍的经济繁荣(Graham,1930),特别是在生产“高阶”商品(资本品)的行业。

但在现代经济中,商业银行通过发放贷款或购置资产来创造银行存款,从而把大部分新增货币注入经济(如 McLeay et al. ,2014b)。这样,通过信贷渠道增加货币供应量会导致利率下降,这不但有利于债务人,而且会导致资产价格上涨并触发商业周期。下一章将对信贷扩张过程中的坎蒂隆效应进行更加详细的分析。

小 结

在本章,笔者按照理查德·坎蒂隆首创的方法,对本国经济中货币供应量增加所产生的分配效应进行了系统的分类,具体分类取决于分配效应发挥作用的方式。虽然我们在《商业性质概论》中也能找到一些零散的分类,但据笔者所知,自《商业性质概论》出版以来,笔者是进行这种分类的第一人。笔者把新增货币注入经济的渠道分为市场渠道和非市场渠道,并且把这两大类渠道又进一步分为境外传入机制和全球货币供应量增加机制。然后,在每个子类别中,笔者讨论了一些可以把新增货币引入经济的具体渠道,在笔者看来,其中一些渠道从实践的角度看最为重要,并且从理论的角度看也最值得关注。当然,笔者的分类并不完美,只是向更加系统的分类迈出了一步。

全球货币供应量的增加与货币仅在特定经济体之间转移这两者之间存在很大的差异。只有在后一种情况下,货币流入经济体的通胀效应才会有货币流出经济体的通货紧缩性坎蒂隆效应相伴。换句话说,全球货币供应量增加——与购买力转移不同——会导致全球价格普遍上涨。这也可以表述为:货币在国家间转移的条件是外国实体的货币需求下降。

那么,增加货币供应量的市场渠道和非市场渠道有什么区别呢?虽然首轮效应是由货币供应量的任何(不均匀)增加造成的,但有必要认识这两种一般情况的区别。在第一种情况下,货币供应量的增加是市场参与者在私有制下生产货币(或从国外输入货币)的自愿活动的结果。通过市场渠道生产货币是为了赚取利润,只有通过提供适当数量的、具有适当质量的一般交换媒介来充分满足货币使用者的需要,才能在完全不受阻碍的市场上,通过市场渠道生产货币来赚取利润。这就意味着,这样的货币生产具有平衡效应。如果货币供应量增加过多,那么,物价就会上涨,而且一直上涨到新增货币的购买力下降到进一步增加不再有利可图的水平。因此,通过市场渠道生产货币要受制于一种自我调节的盈亏机制,而货币的创造实际上可以是无限的。在货币是信用媒介的情况下,由于据以发行信用媒介的货币本身数量有限,因此存在一些实际或制度上的限制;而在法定货币的情况下,则没有这些限制,货币供应量可以一直增加到货币制度崩溃为止。根据奥地利学派的商业周期理论,正是这种货币创造——如果新创造的货币通过信贷市场流入经济——会触发商业周期。信贷扩张会导致利率下降,从而导致投资超过储蓄,进而引发经济繁荣。但在储蓄水平保持不变的情况下,不可能完成业已开始的全部投资过程,因而最终导致危机。正如我们看到的那样,不但货币通胀的规模很重要,而且发生的方式也很重要。不同的货币供应量增加渠道会对经济产生不同的影响,而且会对商业周期的进程产生不同的影响。

增加货币供应量的市场渠道和非市场渠道之间的第二个基本区别是,通过非市场渠道增加货币供应量,能增加公共部门的可用资金。重要的是,这些资金不是由公民以贷款或税收的形式转移给政府的。因此,政府可以把自己可用的资金用于实施一些贷款机构拒绝融资、(如果通过增税来融资)公民不会同意的项目。所以,政府实施的这些项目或活动对于私营部门特别无用,如战争。

虽然公民不会把自己的部分收入和财产直接转移给政府,但再分配仍然会发生,只不过这次是通过提高商品和服务的价格来完成的。由于政府最早收到并处置新增货币,因此能够按照还没有上涨的价格购买商品和服务,从而能够增加政府可支配的商品和服务数量,并减少私营部门可使用的商品和服务数量。[1] 随着货币购买力的下降,收入由净债权人重新分配给净债务人。因此,

---

〔1〕 换句话说,创造货币使得无须预先生产就能获得商品。获得新增货币的实体由于购买力有所提高,因此有可能“报出”高于其他市场参与者的价格,并且扩大他们占有的社会财富份额(商品和服务供给保持不变)。市场为其他参与者提供的商品和服务有所减少——具体表现为价格上涨,从而导致收入和财富由普通公众向纸币发行者的重新分配。

坎蒂隆效应可以解释公共部门增加货币供应量的倾向,而且还能解释以下问题:(1)为什么战争代价昂贵,但政府仍要发动战争?这是因为,通过这种方式获得的资金(增加的货币)首先流向政府部门。(2)为什么外国援助无助于发展中国家的经济增长(Lal, n. d., Chart 1)?这是因为,通过这种方式获得的资金(增加的货币)首先流入政府部门,而这本身就是造成许多负面影响的原因。(3)在历史上的大部分时间里,政府借债几乎都是为了筹集资金发动或者参与战争,因此,与外国贷款流入联系在一起的通胀性首轮效应必然有通缩性坎蒂隆效应相伴;更准确地说,外国贷款的流入必然会导致由本国纳税人向外国债权人的收入再分配。[1]

虽然货币据以流入经济的各种途径有许多不同之处,但一般分配模式是相同的:新增货币首批获得者和债务人总能受益,而债权人和新增货币最后获得者则总是受损。货币据以流入经济的各种途径的不同之处在于:在特定情况下,由谁对不同的途径进行组合以及如何注重这些分配渠道。有时还涉及其他分配渠道,如从现金持有者到黄金、土地或房产所有者(土地和房产价格的相对上涨缘于需求的增长,但供给非常有限)。[2] 表 4.2 以综合的形式列示了本章讨论的各种货币供应量增加渠道之间的最重要差别。[3]

表 4.2　　各种货币供应量增加渠道之间的最重要差别

货币供应量增加渠道	独特的结果(特点)
市场渠道	**私有制下不会导致经济混乱的自由行动产生的结果**
全球货币供应量增加渠道	货币通胀规模小——受制于自然稀缺性(或者开采和铸造方法),具体取决于价格结构

〔1〕 换句话说,发生纯粹的公共债务,就意味着未来某个时候会增加税收负担(或者把债务货币化)——由于受古典学派学说的影响,社会只有在战时才可能同意这种做法。这是说得通的,因为当前这代人在武装冲突中已经遭受了足够的苦难,而未来一代人将从可能的胜利中受益(Wagner, 2001)。说(纯)公共债务不会在未来转化为税收负担,或者从某种意义上讲是自我借债,是因为没有给予坎蒂隆效应应有的重视,因此没有准确跟踪借款(新增货币)注入经济的方式(向谁借和为谁借)以及还债时货币流出的方式(由谁还和还给谁)的一种表现。

〔2〕 笔者认为,货币通胀导致房地产价格相对上涨的观察结果,对投资者和所有希望保护自己不受货币供应量增加影响的人来说,是一个重要的信息线索。就如我们已经看到的那样,这种分析不但是理论分析,而且可以作为经济实践中极其重要的决策依据。

〔3〕 为了简单起见,笔者在分析中假设,世界上只存在一种商品货币;与此同时,现代货币制度的特点是许多国家使用法定货币。因此,货币供应量的变化也会影响汇率。在这样的货币制度下,货币通胀不但会由于用本币表示的相对价格发生变化,而且还会由于汇率变化而影响到本国各社会群体。一般来说,某一国家的全球货币供应量增加会导致本国货币贬值,而货币流入某国经济会导致这个国家的货币升值。部分先受到发生在这样一个货币制度下的坎蒂隆效应影响的人就是买卖全球货币的人以及(在某种程度上)所有持这种货币的人。而且,由于存在外汇市场,一方面是出口商等,另一方面是进口商等,都会感觉到由速度更快的货币供应量变化导致的积极或消极变化。

续表

货币供应量增加渠道	独特的结果(特点)
私人生产商品货币	有可能发生所谓的“荷兰病”;产量受到自然稀缺性和盈亏自我调节机制的限制
私人发行法定货币	实际不会发生;通过特定的方式人为制造稀有性
境外货币流入渠道	**具有平衡特点**
外国旅游者支出	对本国经济产生负面影响
外来移民转入财产	房地产市场价格上涨
外来单方面转移支付	对劳动力市场产生负面影响
商品出口	出口商收入相对增长
外来投资	利率下降;资产价格相对上涨;对经济增长产生积极的影响
非市场渠道	**公共部门相对得益;收入再分配**
境外货币流入渠道	**缺乏平衡特点**
战利品	军事部门相对受益
外来政府间援助	公共部门以及建筑、教育和卫生部门相对得益;挤出效应;对长期经济增长产生负面影响
公共外债	利率上涨;挤出效应
全球货币供应量增加渠道	**对商品和服务的货币需求并非缘于以前的生产**
铸币贬值	货币通胀规模有限;格雷欣—哥白尼法则;军事部门以及黄金或大额铸币持有人相对得益;信息不对称产生作用;货币凭证与货币之间有物理联系
国家发行纸币	造成历史上第一次恶性通货膨胀;军事部门和黄金持有者相对得益;格雷欣—哥白尼法则
信贷扩张	导致利率下降、商业周期和强制性储蓄;有可能导致投资泡沫,金融部门相对得益

资料来源:作者绘制。

第五章　信贷扩张与坎蒂隆效应

在第四章，笔者对坎蒂隆效应进行了分类，并分析了由货币供应量增加渠道造成的坎蒂隆效应差异及其经济意义。在笔者的分类中，信贷扩张是货币供应量增加的一个渠道。

本章旨在介绍由贷款供给增加造成的坎蒂隆效应，而贷款供给增加则是当今把新增货币注入经济的遥遥领先的最重要渠道。坎蒂隆(1959[1755])提到了信贷扩张，但他没有进行详细的分析。在本书的这一部分，笔者打算按照奥地利学派的标准方法，通过介绍信贷扩张的首轮效应及其对商业周期的影响来拓展这位爱尔兰经济学家的洞见。在接下来的章节里，笔者将考察由信贷扩张导致的坎蒂隆效应的国际表现及其对商业周期的所谓“次要特征”[1]、价格泡沫以及经合组织国家在过去几十年里收入和财富不平等加剧的影响。

何为信贷扩张？

为了理解由信贷扩张造成的坎蒂隆效应，有必要先对信贷扩张过程本身进行定义，并简要介绍信贷扩张的发生方式。信贷扩张是指贷款供给超过自愿性

〔1〕 商业周期的次要特征也就是商业周期的非必要特征。商业周期的次要特征具体取决于特定的环境(如经济中创造和分配新增货币的方式)，并且使每个商业周期彼此不同。

储蓄能支持的贷款水平。因此,信贷供给是通过发行信用媒介来增加的(Mises,1998[1949],p. 369)。贷款只有在部分准备金制度下才能创造,因为在部分准备金制度下,商业银行不用为自己吸收的存款提供100%的现金准备(Mankiw,2011)。信贷扩张并不是一种新的现象,它自古就已经存在,但直到很久以后才引起经济学家的注意(Huerta de Soto,2006)。按照哈耶克(1933)的说法,现代最早的信贷创造理论是由赫伯特·J. 达文波特(Herbert J. Davenport)在他1913年撰写的《企业经济学》(*The Economics of Enterprise*)[1]中提出的。今天,几乎所有的经济学教科书都要谈论商业银行创造货币和贷款的过程(如Abel and Bernanke,2001)。

按照标准经济学教科书的观点,商业银行根据中央银行确定的基础货币和存款准备金率发放贷款。这种观点认为,商业银行必须先吸收到存款,才能发放贷款。商业银行从自己吸收到的存款中按规定拿出部分存款作为准备金,并把其余存款用于发放贷款。然而,银行系统创造贷款的能力还不止于此。借款人把借到的资金用于购买各种商品和服务,并通过借记卡或电汇支付货款。于是,贷款借到的资金就进入商品或服务卖家的账户,而卖家的账户很可能开在另一家银行。卖家的开户银行把这笔贷款视为存款,并用这笔存款增加它自己的贷款。这个过程可以重复多次,直到最初那笔存款的最后一部分也被作为准备金配置为止。根据这种观点,银行系统的放贷规模由所谓的货币乘数决定。以上介绍的这种机制现在已经众所周知,在许多经济学教科书中都可以找到,笔者就不在这里做详细分析。

笔者想在这里补充两点。第一,奥地利学派经济学家接受上述对信贷扩张的描述(如Hayek,1933;Huerta de Soto,2006)。奥地利学派与其他经济学派的不同之处在于,他们通过分析信贷扩张过程得出了不同的结论。奥地利学派经济学家认为,信贷扩张会导致市场利率下跌到均衡利率以下:“要想确保借款人获得这部分新增货币,利率必须保持在低于均衡利率的水平上,只有这样才能有利可图地使用这部分——而不是更多的——新增货币”(Hayek,1935,p. 266)。

根据奥地利学派的商业周期理论,通过信贷渠道增加货币供应量——造成坎蒂隆效应的可能方式之一——正是造成商业周期的原因。值得注意的是,

---

〔1〕 哈耶克(1933)介绍了这个理论的由来。哈耶克以为,达文波特的这本书于1915年初版,但实际上,这本书是在1913年初版。

2007～2008 年金融危机爆发,激发了主流经济学家对货币和贷款供给与商业周期之间关系的兴趣。例如,约尔达等学者(Jorda et al. ,2012)分析了 14 个发达经济体 1870～2008 年间的相关数据,并且得出了贷款供给在很大程度上决定商业周期发展进程的结论。这几位作者还认为,繁荣时期贷款供给增加越多,随后的衰退就越严重。

第二,有越来越多的经济学家开始质疑商业银行创造货币和贷款的经济学教科书模式。例如,在英格兰银行的出版物中,麦克利等学者(McLeay et al. ,2014b)声称,商业银行首先创造贷款,然后才创造相应的存款,进而创造新的货币(实际上是货币替代品)。[1] 他们还声称,存款供给和准备金制度并没有实际限制贷款的发放,因为商业银行总可以从银行拆借市场或中央银行那里借到不足的准备金。因此,新增存款的数量决定商业银行希望维持、由中央银行就像是按需提供的银行准备金的水平。中央银行不会通过确定基础货币规模和存款准备金率(货币乘数)来直接影响货币供应量,而只是通过影响利率来间接影响货币供应量。[2]

信贷扩张如何产生作用呢?信贷扩张又有哪些后果呢?首先,商业银行创造新的货币,就会诱发坎蒂隆效应。其次,中央银行通过发行基础货币(现金或银行准备金)创造新货币,这也会产生首轮效应。最后,中央银行会影响货币创造过程,并对商业银行产生影响(即便不产生直接的影响,也会产生间接的影响)。因此,中央银行的货币政策对整个货币创造过程产生重大影响,进而影响到坎蒂隆效应的最终体现。

信贷扩张过程中的坎蒂隆效应有什么表现?

那么,信贷扩张过程中的首轮效应有什么表现呢?它与其他货币通胀渠道促成的坎蒂隆效应有什么区别呢?首先,就如同其他货币供应量增加机制一样,信贷扩张的受益者是净债务人(因为货币供应量增加会降低债务的实际价值)和新

---

〔1〕 参见:Carpenter and Demiralp (2010);Disyatat (2008)。

〔2〕 商业银行实际如何创造新货币以及中央银行在这一过程中扮演何种角色,都是极其重要的问题。但是,考虑到本章的目的,这里只做一般性介绍。不管我们是采用货币学派还是后凯恩斯学派的观察方法,许多因素都不会改变。

增货币首批获得者。[1]

在信贷扩张的情况下,新增货币的首批获得者是广义的金融部门、公共部门和借款人。发行基础货币(现金和银行准备金)的主要受益者是"凭空"创造新货币的中央银行以及新增货币的获得者——商业银行以及参与公开市场操作的其他金融机构和做国债债务工具的实体(所谓的"一级交易商")。商业银行所创造的货币的受益者是创造货币的商业银行和借到贷款的借款人,以及商业银行用新创造的货币从他们那里购买资产的卖家。由于中央银行是公共机构,它会把可能赚到的利润转交给财政部;由于公开市场操作(和中央银行实施的其他政策,如量化宽松政策)涉及政府债务工具,因此,公共部门也会因信贷扩张而受益。

金融部门通过信贷扩张获得的相对利益以及作为新创货币首批获得者,可以解释过去几十年美国金融部门占美国国民生产总值的份额显著增加(Greenwood and Scharfstein,2012)。笔者将在专门论述自 20 世纪 70 年代以来经合组织国家收入和财富不平等加剧的第八章里详细讨论这个问题。

此外,按照哈耶克(1935)的说法,在信贷扩张的情况下也会发生收入由消费者向企业家的再分配(即所谓的强制性储蓄)。根据哈耶克的这种观点,收入之所以会这样再分配,是因为新增货币以贷款的形式进入经济,而这些贷款"通常被用于生产过程"(Huerta de Soto,2006,p. 263)。但值得注意的是,在哈耶克的《价格与生产》(*Price and Production*,[1935]2008)的原始版本中,家庭抵押贷款占比大幅上升,并导致工商业贷款占比下降。约尔达等(2014)指出,目前商业银行主要向家庭提供抵押贷款。这就意味着,现代经济中发生的信贷扩张会导致收入从无房地产者向房地产所有者或者从整个经济向建筑业和房地产业的再分配。

哈耶克(1935)认为,信贷扩张也会导致企业家之间的收入再分配,即收入从低阶产品(接近消费环节的)生产部门的企业家向高阶产品(距离消费环节较远

---

[1] 净债务人可以定义为在给定时期发生的债务价值超过其所获得的金融资产或贷款的实体,而净债权人则是指在给定时期发放贷款或取得金融资产的价值超过积欠债务的实体。在大多数现代经济体中,政府往往是最大的净债务人。至于其他商业实体,要根据具体情况来确定,就如第八章将详细讨论的那样。

的)生产部门的企业家的收入再分配。[1] 新增贷款之所以主要流向后一个企业家群体,是因为资本品生产部门对利率变化更加敏感(Robbins,1934)。生产过程越长,对利率变化就越敏感。由于新增贷款(在其他条件不变的情况下)只能以较低的利率进入经济,因此,最有可能被那些投资项目通过降低借款成本而获益最多的企业家所利用,于是也最有可能发放给资本品生产部门的企业家(Machlup,1932)。

其次,由信贷扩张产生的新增货币并不是(譬如说)通过政府支出等方式注入经济的,而是如其名所示,是通过信贷渠道注入经济的。信贷扩张会造成极其严重的后果,因为信贷扩张——与其他类型的货币通胀不同——会增加可贷资金,从而导致利率下降——无论是由于银行贷款还是由于购买证券(利率与资产价格成反比)。根据奥地利学派的理论(如 Hayek,1935),信贷扩张不但会引发商业周期,导致资产价格上涨,从而有可能造成价格泡沫,而且还给(包括政府在内的)债务人提供额外的支持,因为债务人不但由于价格通胀而减少了债务的实际价值,而且还能以较低的成本对债务进行展期。与此同时,价格上涨不利于债权人,因为他们借出去的钱已经贬值。此外,利率下跌不利于那些有储蓄的人或机构,特别是养老基金和保险公司(Berends et al. ,2013),因为低利率可能迫使它们为了谋求较高的回报率而投资于风险较大的项目(Antolin,Schich,and Yermo,2011)。

应该指出的是,信贷扩张并不会使各种利率都降低到相同的水平,因此也不会以同样的方式影响到各种类别的资产。信贷扩张会对短期利率产生较大的影响(Robbins,1934),从而使收益率曲线变得更加陡峭。[2] 信贷扩张导致收益率曲线陡峭的原因是,在公开市场操作中最常使用短期证券,因此,新增货币首先冲击短期贷款市场,导致短期利率出现较大的跌幅。信贷扩张造成的坎蒂隆效应也会导致利率期限结构发生变化,具体如图 5.1 所示。

---

[1] 根据奥地利学派其他商业周期理论的观点,信贷扩张会导致从中阶商品生产部门的企业家向高阶商品和低阶商品生产部门的企业家的收入再分配,请参见 Garrison(2004)。对奥地利学派商业周期理论不同变体的比较超出了本书的主题。

[2] 收益率曲线表示债券收益率与债券到期日之间的关系。在通常情况下,收益率曲线向上倾斜,这说明利率随着到期限的延长而增加。当各种期限的利率(短期、中期和长期)大致以相同的幅度变化时,不但收益率曲线可能发生水平移动,而且它的曲率和斜率也可能发生变化。斜率变化意味着短期和长期利率的变化值不同。收益率曲线趋平,意味着短期利率和长期利率的利差缩小。反之,收益率曲线变得陡峭,则意味着短期和长期利率的利差扩大,例如,短期利率相对于长期利率降幅更大(Fabozzi,2000)。

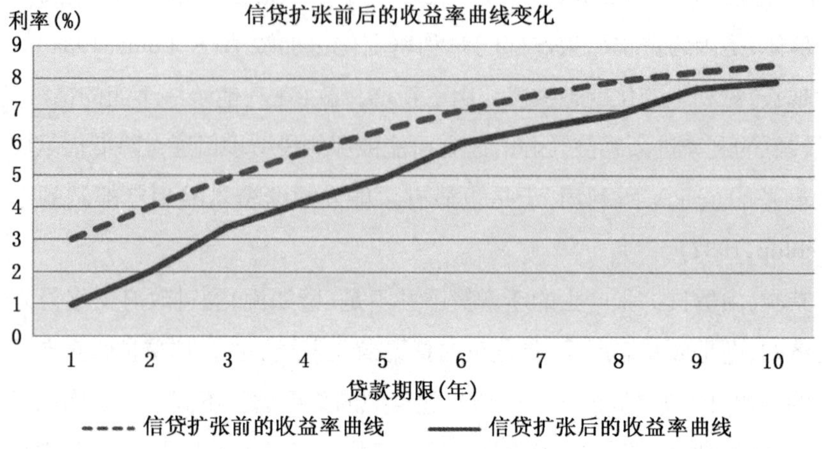

资料来源:作者绘制。

图 5.1　信贷扩张产生的坎蒂隆效应对利率期限结构的影响

利率期限结构的这种变化通常对银行有利,因为银行可以短借长贷(Genay,2014)。此外,收益率曲线变得陡峭,会对拥有长期负债和短期资产的实体产生负面影响。

最后,值得注意的是,信贷扩张也在国际层面促成显著的坎蒂隆效应。譬如说,一个国家(特别是储备货币发行国或从全球经济的角度看很重要的国家)发生的货币通胀也会通过国际贸易、利率套利或汇率变化来影响其他经济体。笔者将在本书第九章更加详细地讨论国际坎蒂隆效应。

综上所述,信贷扩张会造成商业周期现象,而且相对有利于净借款人、金融部门和公共部门。收入和财富再分配的具体结构取决于中央银行如何实施货币政策、商业银行如何创造新货币(关于这些问题,笔者将在下一章详细讨论)以及借款人如何使用贷款。广而言之,政府的经济政策和非银行金融机构的业务活动也可能影响信贷扩张过程,从而影响坎蒂隆效应的表现形式。

第六章 坎蒂隆效应与商业周期的次要特征[1]

在上一章，笔者解释了信贷扩张产生的坎蒂隆效应如何驱动商业周期。在这一章里，笔者将研究首轮效应的不同表现如何导致所谓的商业周期次要特征。事实上，世界上没有两个相同的商业周期(Mukherjee，2005)。虽然包括不同制度条件在内的许多因素促成了各种商业周期过程之间的差异，但笔者在本章认为，新增货币如何通过信贷渠道流入经济这方面的差异，在很大程度上导致商业周期出现非同质性的过程。笔者关注的是商业银行投资策略的影响，但应该记住的是，货币政策和企业投资决策方面的不同也会影响商业周期的进程。笔者将在本章的最后部分讨论这个问题。

研究人员一致认为，商业银行创造存款，因而创造了现代经济中的大部分货币供应量(McLeay et al. ，2014b)。然而，经济学家们并没有兴趣研究商业银行如何把新增货币注入经济，而是专注于经济总量分析。与此同时，银行存款创造过程方面存在的差异对经济具有重要意义，因为商业银行通过它们有关资产结构的投资政策和决策来影响商业周期的进程。

---

〔1〕 本章内容曾以不同的形式发表过，如曾以《如何解析信贷扩张：银行资产结构变化在商业周期中的作用》(Disaggregating the Credit Expansion：The Role of Changes in Banks' Asset Structure in the Business Cycle)为题在《奥地利经济学季刊》(*Quarterly Journal of Austrian Economics*)上发表(Sieroń，2015c)。

存款创造途径与坎蒂隆效应

首先,商业银行可以通过发放贷款和购买资产来创造存款,从而创造货币。[1] 现有文献 (如 Huerta de Soto,2006;McLeay et al. ,2014b)已经充分阐述了通过发放贷款创造存款的过程,因此,笔者不准备在这里详细介绍该过程。可以说,在现代经济中,商业银行通过贷记借款人的银行账户来发放贷款,这种贷款方式基本上就是"无中生有"地增加了存款供给。笔者在这里要说的是,商业银行购买证券的效果和发放贷款的效果完全一样。这是因为,如果商业银行从客户那里购买资产,就是通过增加客户的存款余额来支付这些资产的购买款;而它们向客户发放贷款时,也是在客户的账户里增加存款余额。如果银行从其他银行的客户那里购买证券——这种情况更有可能发生,那么就通过银行转账的方式来付款。在这种情况下,购买证券的银行可能会损失一些准备金(就如同借款人为从其他银行的客户那里购买商品和服务,在付款时会发生的情况),但从银行系统的角度看,效果相同:银行存款增加(Kent,1947)。

因此,在部分准备金制度下,商业银行购买资产也能创造存款,而且——根据奥地利学派的理论——还能驱动商业周期。究其原因,商业银行购买资产也会导致市场利率下降到低于自然水平,从而导致企业家进行不当投资。同时投资债券和股票(为了简单起见,笔者只区分这两种类型的投资)会扰乱利率结构,从而也扰乱生产结构。理解这一点最简单的方法是,以债券为例,债券价格与利率直接相关,但成反向关系(而同样的推理方法也适用于股票)。债券价格会因商业银行购买债券而上涨,从而导致债券收益率下降,进而导致——在套利的基础上(债券价格上涨使得其他资产更有吸引力)——其他资产市场的收益率下降,并且导致整个收益率曲线下行(Philips et al. ,1937)。

换句话说,证券市场是广义信贷市场的一部分,就像银行贷款市场一样。这就意味着商业银行购买证券也会导致跨期干扰(即导致市场利率低于其自然水平),并驱动商业周期。但是,我们没有理由认为这两个增加货币供应量的渠道会以同样的方式影响经济。新增货币先到达不同人的手中,并且以不同的方式

---

〔1〕 几十年前就有学者注意并分析过这种可能性 (如 Kent,1947)。关于更多的当代相关文献,请参阅:Federal Reserve Bank of Chicago(1994)。

影响不同的市场。在本节,笔者按照坎蒂隆的开创性研究思路,探讨通过发放贷款和购买证券来创造存款的过程有什么区别。表 6.1 总结了它们之间的区别。

表 6.1　　　　商业银行通过发放贷款和购买证券来创造存款的区别

创造存款/购买证券的影响/方式	创造存款	购买证券
对资产市场与价格泡沫的影响	新增货币不一定进入资产市场	新增货币直接流入资产市场,因而有可能加快价格泡沫的形成
对收入再分配的影响	强制性储蓄	有利于金融部门的再分配
对生产结构的影响	较快	只要新增货币在金融部门“逗留”一段时间,就会变慢
对结构调整的影响	贷款需求减少,有可能迫使重组	购买资产的能力推迟了调整过程
对信贷扩张规模的影响	较小	较大(资产可被用作贷款抵押品)
对企业投资的影响	较小	较大(通过提高托宾 Q 值和抵押品价值)
对流动性的影响	(短期)贷款得到快速偿还	从整个银行系统的角度看,资产较难脱手
对长期利率的影响	较小	(在购买长期资产时)较大
对货币政策效率的影响	货币政策正常发挥作用	货币政策的作用被削弱(新增货币流入金融市场,商业银行因持有资产而不用依赖中央银行)

资料来源:作者绘制。

第一,商业银行购买资产能更快地导致金融资产市场形成价格泡沫,因为新增货币会直接进入资产市场。

第二,向资产市场注入新创造的货币,会导致不同的收入和财富再分配。显然,金融部门由于这样创造存款获得了更多的利益,因为金融部门是新增货币最先流入的部门(Greenwood and Scharfstein,2012)。通过这个渠道增加货币供应量,也有利于金融资产持有者(例如,股票价格上涨对所有股东都有利,即便新增货币只流入部分股东手中),但以牺牲资产的边缘购买者为代价,因为资产价格上涨时,他们无力购买本打算购买的资产。根据许尔斯曼(2013)的研究,通过这个渠道增加货币供应量,也会导致财富不平等问题的加剧。上述收入再分配结果与哈耶克(1935)的标准版“强制性储蓄”有本质的区别,因为哈耶克的标准版“强制性储蓄”会导致新增货币流入企业家的腰包并转化为投资,但对消费者相对不利。如果银行购买政府债券,就像现代经济中经常发生的那样,那么政府部门也能因为这种信贷扩张而受益。

第三，银行购买资产有可能会推迟整个经济繁荣的开始或者延长经济繁荣的持续时间。只要新增货币没有进入“实体”经济（而是以某种方式被金融交易链所消化）[1]，就不会扭曲生产结构（Machlup，2013[1940]；Bagus，2007）。其原因在于，商业周期本身并不是由贷款创造本身驱动的，而是通过把新创货币配置于更加迂回（间接）的生产方法来驱动的。

第四，在危机或萧条时期，银行购买证券就有可能推迟必要的调整过程。造成这个结果的原因是，在贷款需求较少时，银行就可购买资产（通常情况就是如此）。这样，信贷扩张（创造存款）的过程可能（会比银行只发放贷款的过程）持续时间更长，从而导致随后在生产结构上的不当投资。具体而言，商业银行也许会决定增持政府债券，从而排挤私人投资，最终在经济衰退时期导致必要的调整过程变得更加复杂（Spencer and Yohe，1970）。[2]

这里值得注意的是，商业银行可以在证券化过程中把贷款转化为证券，从而规避资本管制，提高账面资本金充足率，进而增加放贷活动。

第五，商业银行购买资产有可能会扩大信贷扩张的规模，从而导致更强的坎蒂隆效应。究其原因，除了前面提到的证券化的作用以外，资产价格上涨（银行购买资产的结果），也许就能使潜在借款人用这种资产作担保借到贷款（Robbins，1934）。换句话说，通过收购资产来创造货币，结果导致资产价格上涨；而价格上涨的资产作为抵押品就变得更加值钱，于是可以作为抵押品借到更多的贷款，包括中央银行发放给商业银行的贷款，从而提高了进一步创造存款的可能性（Prithard，1964）。

第六，资产价格上涨可能会引发企业扩大投资，从而导致托宾 Q 值上升，并使企业资产和可用于贷款的抵押品的净值增加（Mishkin，2001）。

第七，与发放贷款相比，银行购买证券可能会降低自己的流动性，并提高其对金融资产价格波动的敏感性。当然，是否会出现这种结果，具体取决于银行购

---

〔1〕 在这种情况下，没有一个交易参与者有充分的时间从资产市场“撤出”资金（货币）。例如，把资产卖给银行的卖家也会把他们的资金（货币）投到证券市场上。笔者并不是说，资金（货币）会被资产市场永久吸收，而是想说，资金（货币）可以在相当长的时间里进入消费品和服务市场。首先冲击资产市场的货币供应量持续增加，会系统支持这个市场，这可能给人一种资产市场永久吸收新增资金（货币）的印象。

〔2〕 雷宗卡（Rzońca，2014）指出，在资本金较低的银行，国库券会对贷款产生挤出效应，因为在资产负债表中增加国库券业务的份额可以使银行提高资本金充足率，同时继续赚取利润（无须对贷款业务进行必要的重组）。

买了哪些类别的资产(以及发放了哪些种类的贷款)。但必须指出,短期贷款当然能很快得到偿还,而资产必须出售,但可能需要一点时间,尤其是在价格下跌、银行不愿蒙受损失的情况下。此外,从整个银行系统的角度看,出售资产会变得更加困难,因为要从合并资产负债表中剔除资产,就必须找到非银行买家,但这并不容易做到,尤其是在经济衰退时期(Philips et al. ,1937)。[1] 这一点非常重要,因为清算不当资产越慢,衰退持续的时间就越长。(复苏的条件是,把在繁荣时期配置不当的资产重新用于真正的生产性投资,因此需要重组和清算不良资产。)

第八,收购长期资产会对长期利率产生较大的影响,因为有可能导致暂时的繁荣(尤其是在对利息敏感的行业,如房地产业)。换句话说,商业银行的长期投资可能比短期贷款更快、更容易驱动商业周期,因为长期利率下降对投资的影响比短期利率下跌的影响更大。

第九,购买证券会降低中央银行货币政策的效率。由于新创货币流入金融部门,中央银行无法轻易影响实体经济变量。例如,20 世纪 20 年代,美联储想在阻止资产市场泡沫增大的同时刺激“实体”经济,但这是不可能的事情(因为增加的货币供应量首先冲击金融市场)(1935 年 5 月)。更重要的是,商业银行持有(和出售)金融资产,使它们能够扩大放贷活动,而不必另从中央银行借入资金。

综上所述,(通过发放贷款或收购资产)创造存款的方式本身就极其重要,因为它会导致坎蒂隆效应有不同的表现,以不同的方式影响商业周期的进程。当然,贷款是银行的主要活动,而持有资产数量的变化往往是经济活动的被动反映,而不是实施积极的投资策略的结果(Bolton,1963)。例如,在经济衰退期间无法求助于像国库券这样更加安全的投资(Klein,1965)、找不到可靠的借款人,或者贷款需求下降,而且购买资产是为了提高预期回报率(Kent,1947;Philips et al. ,1937)时,银行经常会购买证券。根据这种解释,银行购买资产可能是货币政策的众多意外结果之一。尽管如此,银行通过推行自己的投资策略(无论决定它们投资策略背后的原因是什么),有可能施加重大的经济影响并影响商业周期的进程(Bolton,1963)。

---

[1] 基于此,也许最好不要说降低资产投资的流动性,而是用“资产可转换性”(shiftability of assets)来代替“贷款流动性”(Mitchell,1923;Willis and Chapman,1934)。

不同类型的贷款与坎蒂隆效应

我们还可以对以上分析做进一步的分解。银行可以通过购买不同类别的资产和提供不同类型的贷款来创造新货币,而且每种方式都会产生不同的坎蒂隆效应。

在本节,笔者将重点讨论银行发放贷款造成的不同坎蒂隆效应。不过,有必要指出,资产投资可分为外国资产投资、国债投资和国内私人证券投资。购买外国资产有利于出口商,在某种程度上也有利于向其他国家输出通货膨胀和商业周期;而购买政府债券则支持政府支出,并且会导致收入和资产从私营部门重新分配到政府部门。这种货币通胀方式也可能导致消费品和服务价格进一步(或更快地)通胀,因为新创货币会通过政府支出流入经济。商业银行购买国债也可能削弱它们在经济衰退时期进行重组的动机,并加剧它们对财政当局的依赖(反之亦然)(Rzońca,2014)。而商业银行购买国内私人资产,则有可能导致价格泡沫。〔1〕

银行可以向许多不同的实体或部门发放贷款,为各种项目提供资金。商业银行在放贷时做出的具体选择以及向经济注入新资金(货币)的不同方式会导致不同的经济结果(Fraser,1933)。换句话说,信贷配置会影响投资和生产结构(获得融资的实体能够发展其投资项目并扩大产能)(Steiner et al.,1958)。贷款可以根据一些不同的标准来分类。例如,我们可以把贷款分为本币贷款和外币贷款〔2〕,另外还能按类别(家庭、金融企业、非金融企业等)或借款人规模(中小企业、大型企业)等标准给贷款分类。鉴于数据的重要性和可获得性,笔者在这里区分抵押贷款、工商业贷款、经纪人贷款和消费贷款(用于购买房地产以外的消费用途的贷款)。

我们先讨论抵押贷款。提供抵押贷款会因为这种货币通胀渠道而产生一些独特的影响效应。第一,显然,房地产价格会因为银行发放抵押贷款而上涨,因

〔1〕 不用说,这种分析还可以进一步分解。坎蒂隆效应的具体表现形式取决于银行是购买股票还是债券。例如,由于不同的实体拥有不同比例的证券,因此,股票市场的繁荣有利于不同的实体,债券市场也会出现同样的现象。

〔2〕 这是一个重要的区别,因为发放外币贷款比发放本币贷款风险更大,而且往往会导致不稳定的信贷繁荣(Yesin,2013)。

此对房屋所有者和建筑业有利，但会对房地产边缘买家和出租公寓和房屋的业主产生负面影响（房地产价格上涨，在租金不变的情况下，就意味着利润率下降）。第二，发放抵押贷款会降低银行的流动性，同时迫使银行承担较高的风险。[1] 第三，抵押贷款供给的增加可能会降低员工流动性（终止房地产按揭贷款可能比终止租赁协议更加困难、更耗费时间），从而影响劳动力市场的效率（Ferreira et al.，2012）；反过来，劳动力市场的灵活性越低，在经济衰退时期重新分配工作的必要过程就越长。第四，由于房地产通常是居民资产的主要组成部分，又由于财富效应，因此，房地产价格上涨可能导致消费者支出增加（Carroll et al.，2006）。第五，发放抵押贷款可能会导致房地产泡沫，而房地产泡沫破裂与其他资产市场泡沫破裂相比，通常会导致更大的经济增长率降幅（Detken and Smets，2004）。究其原因，发放抵押贷款会导致家庭积欠大量债务[2]，从而降低金融稳定性，通常会导致更加严重的衰退和随后更加缓慢的经济复苏（Jorda et al.，2014）。第六，由于房地产具有基本不动性和相对专用性（变更房屋和建筑物用途的可能性较小），因此，房地产泡沫破裂导致的金融危机会造成更高的社会成本。

发放经纪人贷款产生的效应与银行直接购买投资资产产生的效应非常相似。在发放经纪人贷款的情况下，资产价格也会上涨，而收入和财富的通胀性再分配则有利于金融部门。但必须指出，经纪人贷款也有利于那些最先获得新增存款的借款人，而在银行直接购买投资资产的情况下，新增货币直接流向了卖家。

商业银行既可以把新创造的资金（货币）间接（通过证券交易所）注入“实体”经济，也可以直接通过贷款给企业家用于投资。商业贷款有很多种类，但它们有一个共同点：似乎能以快于首先进入资产市场的贷款的速度推高商品和服务的价格。历史上，商业银行主要提供这类贷款。与其他类型的贷款不同，放给企业家的贷款会导致收入从消费者向企业家的再分配，也就是说，会导致强制性储蓄（Hayek，1935）。根据有些学者的研究，放给企业家的贷款是最有利于经济增长

---

〔1〕 正如科瓦尔奇克—罗尔科齐恩斯卡（Kowalczyk-Rolczyńska，2013，p. 190）所说的那样，“银行从事房地产融资活动，是一种具有复杂风险的特殊类型的经济活动。其原因包括这种融资的长期性质、对国家宏观经济形势的高度依赖性和商业周期性、资产低流动性、需要占用大量的可用资金、作为贷款抵押物的房地产市场价格下跌的风险、利率风险、汇率风险（在外汇贷款的情况下）、借款人丧失按期偿贷的能力、没有可靠的房地产市场信息来源和房地产的当地性”。

〔2〕 约尔达等（2014）认为，在他们所选的 17 个发达国家里，1960～2010 年，家庭贷款中，平均占银行贷款增量 2/3 的主要是抵押贷款。此外，商业银行贷款业务中抵押贷款的平均占比大约翻了一番，从 30%左右提高到了 60%左右。结果，许多国家的家庭债务与拥有资产的比率大大上升。

的贷款,因为它们在最大程度上为投资提供了资金(Rzońca,2014)。

消费贷款是一种不同类型的贷款,因为它们的扩张不会拉长生产结构,如果借款人不把贷款用于购买耐用消费品(或者贷款不释放其他金融资源)[1],而是用于当前消费,那么反而会缩短生产结构(Huerta de Soto,2006)。因此,发放这种贷款就意味着按照不同的方案重新分配收入和财富。新创货币会流向消费者,而不是企业家。这一点很重要,因为消费贷款可能导致消费品和服务价格的涨幅超过放给企业家的贷款造成的消费品和服务价格涨幅(上涨速度更快)。最后,值得注意的是,非抵押消费贷款往往用于购买汽车,所以这种货币通胀方式有利于汽车工业。

因此,商业银行发放不同贷款(以及由此产生的新存款)对实体经济、坎蒂隆效应的作用方式以及商业周期进程都具有重要的意义。表 6.2 总结了不同类型贷款之间最重要的区别。

表 6.2　　不同种类贷款之间的最重要区别

贷款类别	结果(特点)
抵押贷款	房地产价格上涨(可能造成价格泡沫)、财富效应、银行流动性下降、员工流动性下降、金融系统稳定性下降
工商业贷款	强制性储蓄,增加扩大产能的资本
经纪人贷款	金融资产价格以较快的速度上涨,有利于金融部门的收入再分配
消费贷款	不会导致强制性贷款,消费品价格以较快的速度上涨,生产率下降

资料来源:作者绘制。

商业银行投资策略差异的实证数据

在上一节,笔者从理论上考察了部分信贷扩张形式把新增货币注入经济的方式的差别以及由不同贷款造成的坎蒂隆效应的不同表现形式。在本节,笔者将介绍取自美国经济的实证例子,从而证明商业银行创造存款的方式以及所购资产的种类或所放贷款的类别显著影响实体经济变量,并且是造成商业周期所谓的次要特征的主要因素。

---

〔1〕 从经济的角度看,耐用消费品与资本品非常相似,但它们并不相同,就如韦尔塔·德索托(Huerta de Soto,2006)认为的那样,因为资本品供给增加与耐用消费品供给增加相比,能更大幅度地提高劳动生产率。

第一次世界大战以前,美国的商业银行主要发放短期贷款。但是,由于越来越多的企业家在证券市场上筹集资金,加上资产评估方法的改进,新成立的中央银行推行相对比较宽松的货币政策,资金流入商业银行,因此证券在企业资产负债表中所占的份额有所增加(Willis and Chapman,1934;May,1934)。

在第一次世界大战期间和战争结束后不久,美国国债发挥了关键的作用。1916 年,美国国债占国内商业银行全部投资的比例略低于 1/3。1919 年,美国国债投资已占美国商业银行投资总额的 62.8%〔1〕,但在 1921 年下降到了 50.2% (Kazakévich,1934)。从 1917 年 3 月到 1919 年 6 月,美国商业银行的贷款增加了 70%,而对美国国债的投资增加了 450%。此外,从 1917 年 3 月到 1920 年 6 月,美联储成员银行的投资总额增加了 130%,而它们持有的美国国债价值增加了 300%(Philips et al. ,1937)。因此,可以认为,美国商业银行投资的上述扩张和随后的衰退至少在一定程度上是由它们减持政府债券造成的。为了筹措军费,美国联邦政府鼓励银行购买政府债券,并以这些债券为抵押发放贷款(E. White,2009)。这种信贷扩张方式导致军费支出增加以及从私人部门向政府部门的收入和财富再分配。这个时期也是一个说明商业银行购买美国国债较之于其他存款创造方式可能会导致更严重货币通胀的例子。从 1917 年 3 月 5 日到 1918 年 6 月,美联储成员银行增持了 17.8 亿美元的政府债券,最终导致各种贷款和投资总额增加了 70 亿美元(Philips et al. ,1937)。

大萧条之前,20 世纪 20 年代的经济繁荣主要得益于商业银行投资的增加以及经纪人贷款和抵押贷款占它们资产负债表内业务比例的上升。〔2〕实际上,证券业务占美国国内银行各类投资和贷款的比例从 1920 年的 23.5%上升到了 1929 年的 31%(Kazakévich,1934)。从 1922 年 3 月 8 日到 1926 年 12 月 29 日,美国国内银行投资增长了 52.8%,而它们各类投资和贷款只增长了 38.4%。

美国商业银行以股票和债券为抵押品发放的经纪人贷款,放大了商业银行投资对证券市场的影响。从 1921 年到 1929 年,美联储成员银行发放的经纪人贷款从 37 亿美元增加到了 83 亿美元(1934 年 5 月)。美国国内银行发放的证券

---

〔1〕 如果不修订法案允许银行向中央银行提交国库券再贴现,国债投资就不会如此大幅度增加(Kazakévich,1934)。

〔2〕 在这个时期(以及之前的 10 年),美国商业银行资产负债表内的外国资产业务,按价值计也大幅度增加,从 1909 年 4 月 28 日到 1932 年 6 月 30 日增长了 23.6 倍(从 2 460 万美元增加到了 5.808 亿美元),而国内外资产业务总额只增长了 2.71 倍(Kazakévich,1934)。罗宾斯(Robbins,1934)据此认为,通货膨胀不只局限于美国,而且通过对外贷款蔓延到其他国家。

投资贷款额占其全部贷款总额的比例从 22.5%上升到了 34.6% (Kazakévich, 1934)。

美国商业银行 20 世纪 20 年代的例子也表明抵押贷款对于商业周期进程的重要性。这个时期,抵押贷款大受欢迎,首先促成了房地产市场的繁荣,然后导致房地产市场泡沫破裂(Becker,1934)。实际上,美国国内商业银行发放的房地产抵押贷款从 1919 年的 1.84 亿美元增加到了 1926 年的 7.25 亿美元,房地产抵押贷款占银行贷款总额的比例从 1.7%增加到了 7.6% (Becker,1934)。

根据菲利普斯等(Philips et al.,1937)的研究,虽然经纪人贷款和抵押贷款被归类为贷款,但它们与真正的投资有许多共同之处,并促成类似的通货膨胀过程。这些创造存款的方式都会影响长期利率,并且降低银行流动性。20 世纪 20 年代,商业银行购买证券,从而延长了银行资产的期限,降低了银行的流动性,并且在股价开始下跌、股市崩盘后,给商业银行造成了很多问题(Philips et al.,1937)。[1] 抵押贷款对银行的流动性也会产生类似的影响。贝克尔(Becker,1934)认为,20 世纪 20 年代过度发放抵押贷款,导致美国银行缺乏流动性,经常迫使银行停业或申请破产。在那个 10 年里,长期利率同样下降(银行进行资产投资的结果),从而提高了新债券和股票发行业务的利润率。根据菲利普斯等(1937)的研究,资本市场的这种有利形势促成了房地产市场的繁荣:佛罗里达州的房地产市场是美国最早升温的房地产市场,最终,这股房地产热席卷全美。信贷过度扩张的另一个受益者是股票市场,最终导致股票市场出现了泡沫。

值得注意的是,商业银行的这些长期投资导致了一定的顺周期反馈循环,造成长期利率下降,促使企业家通过发行股票和债券来取代银行短期贷款。由于贷款需求减少,银行愿意购买新发行的证券,从而导致长期利率进一步下降,并由此巩固了资产市场的繁荣(Philips et al.,1937)。换句话说,商业银行大肆购买证券,发放经纪人贷款和抵押贷款,导致房地产市场出现不可持续的繁荣,并且吹大了 1929 年破裂的股市泡沫。股市崩盘也与商业银行的投资策略有关,更具体地说,与商业银行为了增加抵押贷款和经纪人贷款而出售证券有关(Philips et al.,1937)。这些都清楚地表明,信贷扩张方式和商业银行资产结构变化都会

〔1〕 20 世纪 80 年代和 90 年代的日本银行也许是股市泡沫破裂后造成流动性问题的又一例子。由于它们持有大量在国内证券交易所上市的股票,20 世纪 80 年代后半期持续的股市繁荣导致银行活动显著增加和国际扩张明显加剧。反过来,1989 年 12 月股票和房地产市场泡沫的破裂导致银行损失严重,信贷扩张停止,而经济衰退持续了整整 10 年。

对商业周期进程产生重要的影响。

20 世纪 30 年代和第二次世界大战是美国商业银行急于通过购买政府债券来创造存款的下一个时期。在这个时期，贷款占联邦储备银行资产业务的份额则从 1925 年的 71.2%下降到了 1936 年的 38.9%，然后又下降到了 1946 年的 22.8%；而政府债券业务的份额则从 1925 年的 12.1%增加到了 1946 年的 70.9%(按价值计，同期增长了 19 倍)(Kent，1947)。商业银行资产结构的这些变化极其重要，因为它们在大萧条期间推迟了必要的调整过程。银行资助政府支出，而政府支出取代了私人部门的生产性投资。虽然商业银行的信贷策略还有很多地方需要改进，但商业银行购买政府债券就能获得中央银行的资金(用政府债券向中央银行借贷)(Shere，1935)。

笔者的分类分析也适用于(第二次世界大战)战后时期美国银行的资产业务。由图 6.1 可见，从 1947 年到 1970 年，证券业务占商业银行资产业务的比重有所下降。但是，这并不意味着(如图 6.2 和图 6.3 所示)购置资产不再是信贷扩张的一个重要途径。图 6.2 和图 6.3 分别表示美国商业银行在 1947～1979 年和 1980～2018 年两个时期的各类投资和各种贷款(工商业贷款、抵押贷款、消费贷款和其他贷款)额。如图 6.2 和图 6.3 所示，在这两个时期，证券投资(在图中用实线表示)都是信贷扩张的重要渠道。比较而言，证券业务多年来一直是美国银行资产业务中最重要的业务类别——从 20 世纪 90 年代初开始，只有抵押贷款业务(用短虚线表示)超过了证券业务。

图 6.1～图 6.3 披露了两个重要的信息。首先，从 1960 年到 20 世纪 80 年代中期，工商业贷款是一个非常重要和周期性占主导地位的信贷扩张渠道。通过这个途径发生的货币通胀可能导致商品繁荣和价格通胀(用生产者价格指数和消费者价格指数衡量)加剧(Bordo and Landon-Lane，2013)。[1]

其次，从 20 世纪 80 年代中期到 2009 年，商业银行发放的抵押贷款额有所增加，这类贷款占商业银行各类贷款的比例也显著增加。这一点也可以在显示商业银行 1947 年 1 月至 2012 年 1 月贷款结构的图 6.4 中看到。

---

〔1〕 这种贷款在商业周期中发挥重要作用的另一个时期可能是德国魏玛共和国恶性通货膨胀时期。根据格雷欣(Graham，1930)的说法，当时的德国银行不愿意为投机目的(如购买股票)提供贷款，这意味着新发行的货币很少进入金融市场。相反，这些贷款流向了“实体”经济，从而导致大宗商品价格大幅上涨。

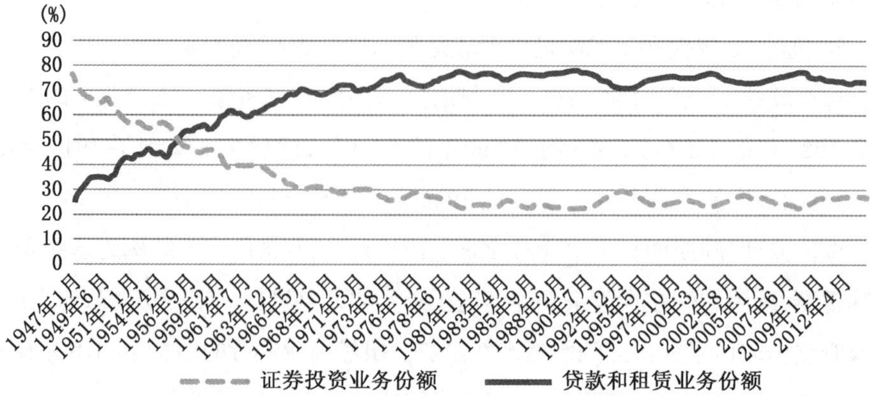

资料来源：Board of Governors of the Federal Reserve System，H. 8 Assets and Liabilities of Commercial Banks in the United States for June 13，2014，www. federalreserve. gov/releases/H8/，2014－06－23。

图 6.1　1947 年 1 月～2012 年 4 月美国商业银行证券投资占总资产业务的份额以及贷款和租赁业务占总资产业务的份额(经过季节性调整的月度数据)

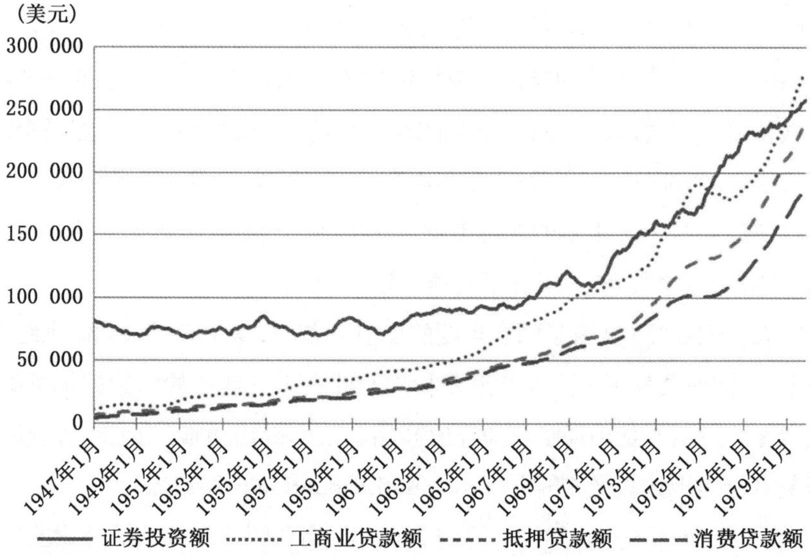

资料来源：Board of Governors of the Federal Reserve System，H. 8 Assets and Liabilities of Commercial Banks in the United States for June 13，2014，www. federalreserve. gov/releases/H8/，2014－06－23。

图 6.2　1947～1979 年美国商业银行证券投资额和各类贷款额〔1〕

〔1〕 为了便于表述，笔者没有把经纪人贷款、农业贷款、外国贷款、发给地方政府机关的贷款、发给非银行储蓄机构的贷款、发给非储蓄金融机构的贷款、非计划透支、未另分类的贷款和应收融资租赁款等其他类别的贷款包括在内。请参阅：Board of Governors of the Federal Reserve System (2015)。

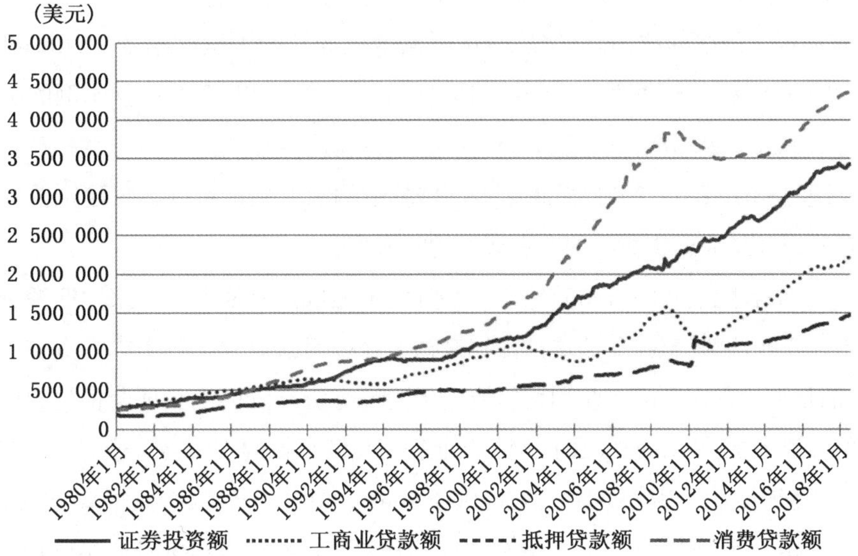

资料来源:Board of Governors of the Federal Reserve System,H. 8 Assets and Liabilities of Commercial Banks in the United States for June 13,2014,www. federalreserve. gov/releases/H8/,2014—06—23。

图 6.3 1980～2018 年美国商业银行证券投资额和各类贷款额

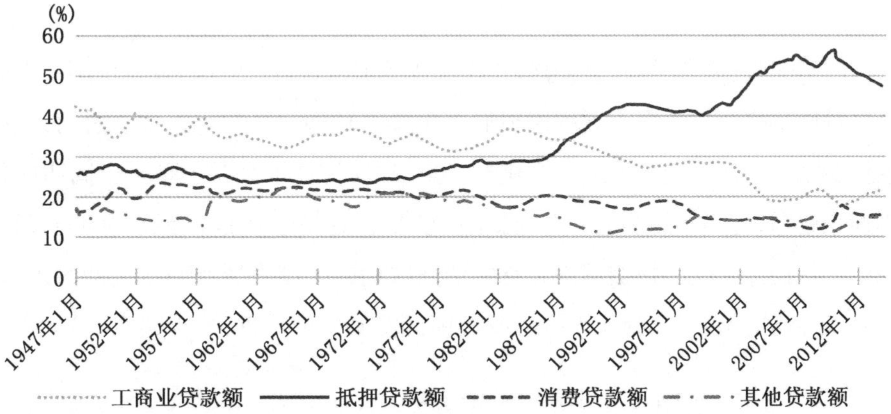

资料来源:Board of Governors of the Federal Reserve System,H. 8 Assets and Liabilities of Commercial Banks in the United States for June 13,2014,www. federalreserve. gov/releases/H8/,2014—06—23。

图 6.4 1947 年 1 月～2012 年 1 月美国商业银行贷款百分比构成

抵押贷款相关性如此显著地加强，导致美国房地产市场在21世纪第一个10年出现了价格泡沫，而且伴随着由财富效应导致的消费支出增加(Carrol et al.,2006)和家庭流动性下降(Ferreira et al.,2012)。[1] 抵押贷款比例的上升也导致家庭债务增加，这可以解释2009年大衰退结束后经济复苏速度相对较慢的情况(Jorda et al.,2014)。商业银行贷款结构的变化也可以解释建筑业的相对增长以及从非业主居民向业主居民的收入再分配。[2]

正如哈耶克(2008[1935])认为的那样，上述抵押贷款尤其是家庭抵押贷款呈现的上升趋势，意味着信贷扩张越来越少地被用来通过实物资本投资扩大产能，而是被用来在产品生命周期里或出于同现有资产价格上涨预期相关的投机目的平滑消费(Turner,2010)。[3] 商业银行贷款结构的变化会对经济增速产生显著的影响，因为根据贝克等学者(Beck et al.,2012)的研究，企业贷款与经济增长呈正相关性，而家庭贷款则没有类似的相关性。雷宗卡(Rzonca,2014)认为，家庭房地产贷款业务的扩张最危险，因为它导致了最不适合总需求结构的资本结构；也就是说，这种资本结构具有调整成本高、快速重组机会有限的特点(如住房建设资本的专用性[4])。

小　结

在第四章，笔者曾对各种导致货币通胀的渠道进行了分类，并且证明了它们会导致坎蒂隆效应出现不同的表现形式并造成不同的经济结果。信贷扩张是目前把新增货币注入经济的最重要机制。重点是，信贷扩张并不是一个同质的货币通胀渠道，有不同的创造银行存款的"方法"。这是一个非常重要的问题，因为商业银行通过它们的投资策略和有关资产结构的决策来影响商业周期的进程。更令人惊讶的是，迄今尚无人研究商业银行发放各种贷款(或购买资产)将会产

[1] 下一章将详细介绍21世纪头10年美国房地产市场的价格泡沫。

[2] 罗涅利(Rognlie,2015)的研究表明，1948～2013年美国国民生产总值中资本份额实际增加——这一事实引起了皮凯蒂(Piketty,2014)的注意——几乎完全是因为与房地产有关的收入增加。

[3] 雷宗卡(2014,p.199)指出："虽然对企业的贷款有助于引导储蓄流向最有效的经济增长努力，但对家庭的贷款——通过降低其中一些家庭遇到的流动性障碍——却降低了储蓄率。"

[4] 在房地产泡沫破裂导致金融危机后快速重组机会减少的原因中，雷宗卡(2014)还指出，家庭贷款(由于家庭数量庞大和资产分散)重组协调的难度大于商业贷款。其他原因包括政治性质的机制(家庭债务的大众性质可能增加银行为了获得政府和有利的银行监管的支持而不对自己的资产进行重组)、住房贷款的特点(期限长)，债权人(因为所有权变更无法显著提高住房效率)和债务人(由于居住在某个地方的无形价值)缺乏启动重组的动机。

生的影响(Moulton,1935)。

换句话说,(在信贷扩张渠道内把新增货币注入经济的各种机制)造就了商业周期的不同次要特征。例如,大量发放抵押贷款可能会导致房地产市场繁荣、建筑业相对于整个经济的增长、财富效应、雇员流动性下降、银行流动性降低以及债务越积越多——这些现象在银行发放其他种类贷款或购买证券时不一定会出现(或者有可能出现,但程度没有那么严重)。因此,笔者认为,重要的是,按照坎蒂隆关于新创货币流向的分析思路,采用更加细分的方式来分析信贷扩张,因为这种对信贷扩张和商业银行资产结构变化的分类分析有助于我们更好地了解商业周期和价格泡沫等伴随着商业周期出现的次生现象。

根据信贷扩张的主要渠道对商业周期进行分类,也许是特别有价值的工作。笔者最初建议把商业周期的驱动因素分为:(1)股票市场(通过银行直接购买证券或者发放经纪人贷款),就像 20 世纪 20 年代大萧条之前那样;(2)20 世纪 30 年代和两次世界大战间隔期间对国债的投资;(3)房地产市场(通过抵押贷款和抵押债券投资),就像在 21 世纪头 10 年那样;(4)商品市场(通过工商业贷款),如 20 世纪 60 年代和 70 年代。表 6.3 列示了以上对由主要信贷扩张渠道导致的商业周期的分类。

表 6.3　　对由主要信贷扩张渠道导致的商业周期的初步分类

主要信贷扩张渠道	历史上的例子
股票市场	20 世纪 20 年代
国债市场	20 世纪 20 年代和两次世界大战间隔期间
抵押贷款、房地产市场	21 世纪头 10 年
工商业贷款、大宗商品和原材料市场	20 世纪 60～70 年代

资料来源:作者绘制。

这些不同的信贷扩张渠道并不会影响商业周期的基本机制(特征就是因人为降低利率而导致的不当投资),而是造成所谓的商业周期次要特征——也就是使商业周期虽然有相似之处,但并非完全相同的特征——不同的因素。

最后,值得注意的是,商业周期的进程和坎蒂隆效应的作用不但受到商业银行投资策略的影响,而且受到其他因素的影响。笔者在这里列举其中的几种其他因素。第一,中央银行可以通过不同的方式实施货币政策并创造基础货币,从而对信贷扩张产生不同的影响,进而对商业周期的进程产生不同的影响。例如,与传统的公开市场操作相比,量化宽松的货币政策是一种向经济中注入新增货币的不同机制,因而会产生略有不同的首轮效应。虽然在公开市场操作中,最常购买的债务工具是短期国债券,但量化宽松的货币政策也可以通过购买包括非国债(如公司债券或抵押担保债券)在内的长期债券来发挥作用(Bowdler and Radia,2012),由此产生不同的再分配效应,并且以不同的方式影响收益率曲线和风险溢价。

第二,通过信贷市场创造新货币的实体类别及其创造方式,对于商业周期进程和相伴而来的坎蒂隆效应发挥作用也很重要。目前,很大一部分贷款是为了把它们转化为证券而发放的,或者通常是由商业银行以外的实体发放的。事实上,近年来商业银行活动已经发生了巨大的变化,商业银行在很大程度上放弃了以吸收存款和贷款为基础的传统商业银行业务,而是采用一种基于贷款证券化并把它们分配给所谓的"影子银行"(shadow banks)的商业模式(Meeks et al.,2013)。因此,(以信贷方式)增加货币供应量的影响效应是不同的,具体取决于发放贷款的银行或机构的类型(农村或城市、小型或大型)。贷款不但可以由商业银行创造,而且其他储蓄机构(如储蓄银行或信用合作社)和所谓的"影子银行"系统也都能发放。由影子银行创造的货币在现代经济中似乎显得尤为重要,因为证券化使得传统商业银行能够增加放贷(包括把银行资产负债表以外业务的信用风险转移给购买证券的投资者),而负债中介化则允许所谓的"影子银行"自己也能创造贷款(Claessens et al.,2012)。通过"影子银行"系统创造贷款,就意味着坎蒂隆效应产生不同的影响,因为"影子银行"的资产业务结构不同于传统银行的资产业务结构,而某些类别的贷款更容易被用于证券化过程。

第三,商业周期进程和首轮效应也会受到借款人投资规模和类型的影响。同样,就像贷款一样,不仅投资额很重要,投资结构及其变化也很重要。投资通常被分为设备和软件投资以及建筑物投资。事实证明,第一类投资能大幅度提高生产率(Stewart and Atkinson,2013),因为设备和软件是技术进步的重要体现(Rzońca,2014)。

第四,政府的调控和财政政策也可能影响商业周期的进程和坎蒂隆效应作用的体现。与李嘉图等价不同,政府是否以债务或税收的方式为其支出筹措资金至关重要。究其原因,在当前基于中央银行和部分准备金的货币制度下,发行公债具有通胀效应(如会间接发生公债货币化);也就是说,发行公债会导致货币供给量增加以及所有相关的经济后果。

第七章 坎蒂隆效应与价格泡沫

本章将说明坎蒂隆效应也可以解释价格泡沫(资产市场投机泡沫)的形成,即资产价格偏离其基本价值的情况(Scherbina,2013)。[1] 经济学家对金融资产的价格波动一直很感兴趣,特别是在 1929 年股市崩盘和大萧条之后。坎蒂隆(1755)——顺便说一句,在与密西西比泡沫和南海泡沫有关的投资中大赚了一把(Murphy,1986)——是最早撰文论述投机泡沫的学者之一。

虽然经济学家对价格泡沫的形成、成型和随后破裂的原因、性质和机制往往持不同的看法(Scherbina,2013),但现有相关文献越来越多地提到货币因素与投机泡沫形成之间不可分割的关系。例如,金德尔伯格和阿利伯(Kindleberger and Aliber,2005)认为,每次“投机狂热”都与贷款供给增加有关。同样,奥地利学派经济学家也指出,信贷扩张是导致包括资产市场出现投机泡沫在内的经济结构性紊乱的原因(Skousen,1990)。一些与国际清算银行有关的经济学家也表达了一种类似的观点,他们认为,20 世纪 80 年代,许多国家放松了对金融业的监管,结果导致信贷供给增加,进而促使资产价格显著上涨(Borio et al. ,1994)。在这些经济学家看来,货币供应量和信贷增加,会导致资产价格上涨,从而有可

〔1〕 当然,价格泡沫的定义可能有所不同。根据金德尔伯格和阿利伯(Kindleberger and Aliber,2005)下的定义,价格泡沫是一种在相当长的一个时期(从 15 个月到 40 个月)里最终爆发的价格通胀。金德尔伯格在经济学词典里给价格泡沫下了这样的定义:“引发价格进一步上涨的预期并吸引追逐资本利得的新投资者入市的特定资产价格持续大幅度上涨。”

能即使在消费者价格指数处于低位的情况下导致经济失衡(Borio and Lowe, 2002)。在美国上一次房地产泡沫破裂以后,有越来越多的经济学家开始把中央银行宽松的货币政策以及货币供应量和信贷增加与价格泡沫联系起来(Taylor, 2007)。波尔多和兰登—雷恩(Bordo and Landon-Lane, 2013)对 18 个经合组织成员国在 1920～2011 年间发生的投机泡沫进行了研究,他们基于这项研究得出了以下结论:宽松的货币政策对股票、房地产和大宗商品市场形成投机泡沫起到了重要的作用。

不断增长的货币供应量影响资产价格的渠道

那么,货币供应量增加如何影响资产价格呢? 货币供应量增加可以通过五个渠道来影响资产价格。图 7.1 把这五个渠道合并在一起进行了图示。

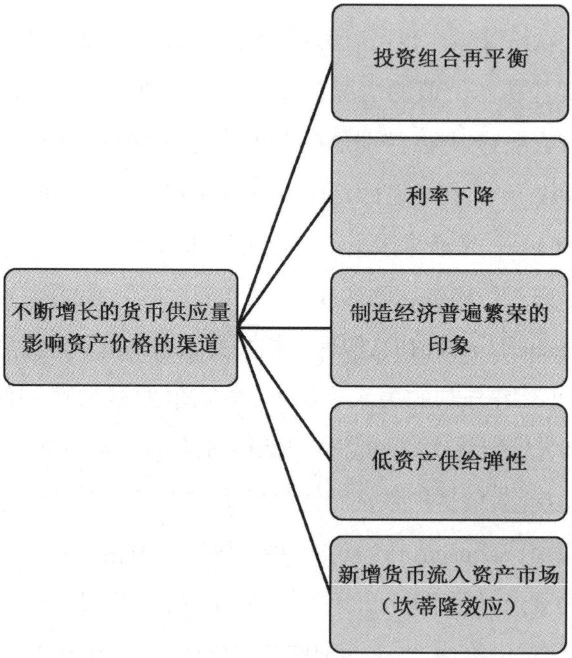

资料来源:作者绘制。

图 7.1　不断增长的货币供应量影响资产价格的渠道

货币供应量增加影响资产价格的第一个渠道是投资组合再平衡。货币供应量增加,会导致现金余额发生变化,从而导致单位货币的边际效用下降,并使整个投资组合发生变化,从而导致资产价格上涨(Adalid and Detken,2007)。例如,公开市场操作导致的货币供应量增加,首先会影响短期政府债券的价格。然而,由于债券卖家现金余额的增加和政府债券收益率的下降,因此,投资者也会愿意购买其他金融资产(Friedman,1969f)。由于货币会循序渐进地在经济中"扩散",因此,货币通胀必然需要一段时间才能从金融市场"溢出"到实体经济部门(金融资产价格上涨,其他商品和服务变得相对便宜,从而导致多买变得比较便宜的商品和服务)。虽然这个过程的最终结果是一般价格水平上涨,但是,金融资产的价格有可能被相对高估一段时间,特别是在新增货币仍然首先(并大部分)流入金融资产市场(如通过公开市场操作或经纪人贷款)的情况下。

第二,通过信贷渠道增加货币供应量会导致利率下降。由于资产现值是它们能产生的未来现金流的折现总和,因此,利率下降就会导致资产价格上涨。[1] 不过,应该指出,利率下降本身不会导致持久的投机泡沫(但会导致一次性的价格上涨);货币供应量增加以及对某一类资产的支出增加,也同样必不可少。这是因为,只要有资本流入市场,价格泡沫就会变大(Scherbina,2013)。当然,许多因素(包括心理因素)决定泡沫将在什么市场出现,而且还会影响泡沫膨胀的过程[2],但如果不增加货币供应量,就不会发生(指数式的)价格上涨。[3]

第三,信贷扩张会引发商业周期,而商业周期的繁荣阶段会给人以经济普遍繁荣的印象。因此,金融资产价格上涨,有可能在一定程度上反映实体经济正在发生的通胀过程和对未来收入增长的预期(Borio et al.,1994)。在经济繁荣时期,把金融资产作为抵押品向银行申请贷款的需求可能也会增加。然而,当某一特定资产市场的发展速度远远快于整体经济时,就会出现价格泡沫。图 7.2 采

---

〔1〕 低利率尤其可能促使投资者把资金投到利率较高但风险更大的资产类别上。

〔2〕 关于造成投机泡沫的各种因素的讨论,可参阅 Scherbina(2013)。除了货币供应量增加以外,相关文献还经常强调道德风险造成投机泡沫的作用。如果投资者期望在泡沫破裂时得到中央银行的救助或支持[即所谓的"格林斯潘对策"(Greenspan put)],他们就更加愿意在特定的市场上进行投资。读者可以在米勒(Mueller,2001)、奥里德(O'Driscoll,2008)和 E. 怀特(E. White,2009)的文献中了解到更多有关道德风险促成价格泡沫的作用的内容。

〔3〕 韦尔塔·德索托(Huerta de Soto,2006,pp. 461—466)曾就这个主题写道:"在一个表现健康、持续增长的经济体中,自愿性储蓄通过企业自筹资金和股票市场这两个途径流入生产环节。然而,储蓄通常慢速、渐进地通过股市流入生产环节,因此不会导致股市繁荣或狂热。只有当银行业推行信贷扩张政策,而且又没有之前自愿性储蓄增加的支持时,股市指数才会出现显著而持续的普涨……只要信贷扩张保持加速的势头,物价就可能继续上涨……只有货币供应量通过信贷扩张的形式持续、不成比例地增长,才能助长投机狂热(或'非理性繁荣')——这是所有股市繁荣的特征。"马克卢普(Machlup,1940)也进行过类似的表述。

用美国股市市值占美国国内生产总值的比率对这种情况进行了图示。由图 7.2 可见,在 20 世纪 90 年代后半期股市泡沫膨胀时,美国股市市值占美国国内生产总值的百分比从 70%左右翻了一番,达到了 140%左右,而在泡沫破裂之后又下降到 110%左右。

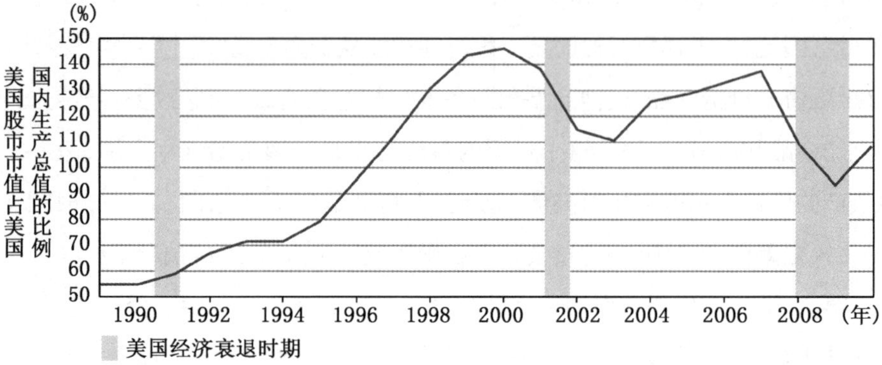

资料来源:Federal Reserve Bank of St. Louis,2015,research. stlouisfed. org,access: 6 January 2015。

图 7.2　1989～2010 年美国股市总市值占国内生产总值的比例

第四,资产相对于消费品和服务价格上涨,可能是因为前者的供给弹性相对较低(Belke et al. ,2008)。由于资产(尤其是土地或房产)的数量调整比消费品和服务的数量调整需要更多的时间,货币供应量增加会导致资产市场价格显著上涨。因此,由货币通胀导致的资产价格相对上涨,有可能仅仅是通胀循序性质的一种表现。

第五,商业银行可能会发放直接用于购买特定资产的贷款,因此,资本不断流入某种资产的市场,可能会导致价格泡沫。一贯强调坎蒂隆效应重要性的奥地利学派特别指出过这种现象。例如,桑顿(Thornton,2006)曾经指出,货币通胀会因为新创货币的流向不同而产生不同的影响。特别是在新创货币首先流入的市场容易形成投机泡沫。[1] 换句话说,银行系统创造货币,而货币流入是造成泡沫的必要条件,但是,个体的支出决定为哪个市场创造货币。桑顿(2006)认为,从 1984 年到 2000 年增加的货币供应量(部分由于 1971 年与之前的金本位

[1] 科克伦(Cochran,2010)——在价格泡沫的语境下——表达过相似的观点。他认为,资源配置和资产估值,包括偏离基本价值的价格,都是由货币供应量增加的非中性性质决定的,更具体地说,是由坎蒂隆效应决定的。

制彻底决裂和放松对存款机构的监管)[1]首先流入了纽约证券交易所,然后流入了纳斯达克股票交易所,从而导致网络泡沫的形成[2],最后流进了房地产市场,进而导致房地产市场出现了泡沫。

在这个时期的美国,抵押贷款占贷款总量的很大一部分。桑顿(2006)报告说,2001 年经济衰退结束后抵押贷款供给增量几乎正好等于(用零期限货币衡量的)货币供应量的增量。如上一章(图 6.1、图 6.2、图 6.3)所示,美国商业银行发放的抵押贷款额从 20 世纪 80 年代中期开始增加,到了 90 年代后半期更是加速增加,因此,这类贷款占美国商业银行贷款总额的比例显著增加。后来,L. 怀特(L. White,2009)指出,为了应对 2001～2003 年年中的经济衰退,美联储提高了货币供应量的增长率。他还指出,美联储把联邦基金利率从 2001 年的 6.25%下调到了 2003 年年中的 1%;从 2003 年年中到 2007 年年中,抵押贷款的供应量平均每年增长 12.26%。从 1999 年年中到 2007 年年中,造成房地产泡沫的关键因素似乎是抵押贷款供给的增速快于信贷供给总量的增速(见图 7.3)。因此,从 2000 年到 2007 年,用标准普尔/凯斯席勒美国指数(S&P/Case Schiller U. S. index)表示的房产价格上涨了 84%以上,而用标准普尔/凯斯席勒 20 个城市综合房价指数(S&P/Case Schiller 20-City Composite Home Price index)表示的房产价格上涨了一倍以上。

20 世纪 80 年代的日本,也许是证明货币供应量增长(和相伴而来的坎蒂隆效应一起)与投机泡沫之间具有相关性的又一例子。日本中央银行从 20 世纪 80 年代初就一直在降息(在 1985～1988 年期间大幅度降息),同时大幅度增加货币供应量,特别是从 1987 年开始(Okina et al. ,2000)。不管怎样,这个时期最重要的是贷款供应量显著增加,尤其是抵押贷款供应量显著增加。1981～1989 年,贷款供应量年均增长 9.6%,而抵押贷款供应量则年均增长 18.4%(Fengyun,2013)。结果,从 1985 年 9 月到 1989 年年底,日经 225 指数(Nikkei 225 stock index)上涨了 2 倍多,而用城市土地价格指数(Urban Land Price In-

---

[1] 桑顿(Thornton,2006)报告指出,货币供应量(零期限货币)从 1959 年 1 月到 1971 年 8 月年均增长 5.26%,从 1971 年 8 月到 1984 年年均增长 8.25%,而从 1984 年到 2000 年则年均增长 10%。零期限货币(Money Zero Maturity,MZM)是一种衡量货币供应量——包括可按面值即期回购的资产(或全部可“立即清算”的票据)——的指标,包括 *M*2 除小额定期存款以外的其他分量,同时还包括机构货币市场共同基金(Mises Wiki: https://wiki.mises.org/wiki/Money_supply)。

[2] 卡拉汉和加里森(Callahan and Garrison,2003)认为,之所以会出现互联网泡沫,是因为美联储创造的新货币通过银行系统流向了网络公司。

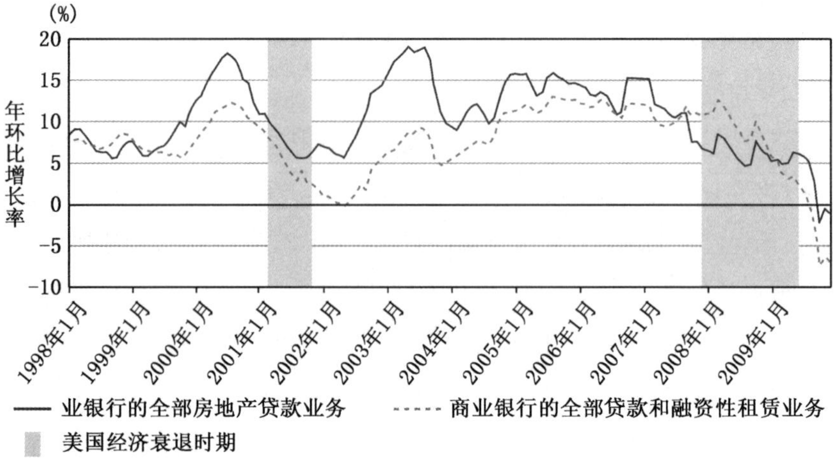

资料来源：Federal Reserve Bank of St. Louis，2015，research. stlouisfed. org，accessed：6 January 2015.

图 7.3　1998～2009 年美国商业银行发放的房地产贷款和贷款总额增长率

dex)表示的土地价格从 1985 年 9 月到 1990 年 9 月几乎上涨了 4 倍(Okina et al. ,2000)。

资产市场引发的货币通胀导致的坎蒂隆效应

那么,通过资产市场增加货币供应量产生的坎蒂隆效应,与特别是米塞斯和哈耶克所说的通过发放企业贷款发生的信贷扩张增加货币供应量所导致的坎蒂隆效应的其他可能表现形式有什么不同呢？在回答这个问题之前,有必要指出,任何信贷扩张都会导致(特定)资产价格的过度上涨[1],原因主要就是利率下降。由于资本品市场——也包括证券(资本的合法所有权凭证)和房地产市场——会对利率变化做出更加强烈的反应[2],因此,信贷扩张以及随之而来的利率下跌会导致资产相对于消费品价格上涨(Skousen,1990),但也会导致距离

〔1〕 作为贷款抵押品的资产价格上涨,有可能反过来巩固信贷扩张的过程。

〔2〕 罗宾斯(1934,p. 37)表示:“资本工具寿命越长,或者距离消费环节越远,其价值就越容易受到利率变化的影响。资本工具寿命越短,或者距离消费环节越近,其价值受利率变化的影响就越小。面包店面粉的价值几乎不受借贷成本下降的影响,而矿山、森林、房屋和重型工厂设备的价值就会受到极大的影响。”

消费环节最远、制造商为增加产量所必需的大宗商品价格上涨。〔1〕

因此,大宗商品、房地产和证券市场的繁荣显然是信贷扩张必然会造成的结构性混乱的一种表现(Robbins,1934)。〔2〕然而,正是消费模式和数量决定特定类别资产的价格相对上涨,包括泡沫的可能形成。例如,从 20 世纪 90 年代中期开始,美国的房地产和股票价格双双上涨(而大宗商品价格则下跌),但只有股票市场形成了泡沫。相比之下,在过去 10 年里,这三类资产的价格都有所上涨,但房地产价格涨幅最大(而在 20 世纪 20 年代,股票价格涨幅较大)。

与比较均衡的信贷扩张相比,导致价格泡沫的货币供应量增加会导致收入和财富的不同再分配。显然,金融部门和特定资产的持有者能因此而受益(直到泡沫破裂)。此外,未出售资产价格上涨会使资产持有人产生财富增加感,因此应该会增加他们的支出(Bowdler and Radia,2012)。资产价格上涨也可能导致企业增加投资,结果就是托宾比率上升和贷款抵押品增值(Mishkin,2001)。

第二个重要区别是,资产市场泡沫对金融稳定的威胁更大。投机泡沫的破裂通常会导致银行危机——由于抵押品价格下跌,从而导致信贷紧缩(Kaufman,1998)。〔3〕金德尔伯格和阿利伯(2005)分析了几十个西欧和美国的金融和银行危机案例,并且指出,投机泡沫在危机爆发前达到最大。保利奥(Borio,2012)后来也指出,伴随金融危机而来的经济衰退更是导致经济下跌了 50%之多。最好的例子是日本经济,1989 年 12 月股市泡沫破裂后,日本经济陷入了持续 10 年的衰退。〔4〕日本经济的问题恰恰就是由资产价格下跌导致持有大量股

〔1〕 埃斯蒂(Estey,1950,p. 101; for: Skousen,1990,p. 291)写道:“然而,作为扩张阶段特征的价格上涨绝不是一致的。批发价格涨幅大于零售价格;反映零售价格的生活费用指数会上涨,但幅度不大。在批发价中,与消费者距离越远,价格上涨的幅度就越大,速度也越快。因此,原材料价格的涨幅高于半成品,半成品价格的涨幅高于消费者购买的商品。”米尔斯(1946; for: Skousen,1990)注意到,在扩张阶段,大宗商品价格平均涨幅最大、生产品价格涨幅较小,而受影响最小的是消费品价格。

〔2〕 米塞斯(1998[1949],p. 790)在这个问题上写得很清楚:“贷款歧视并不能代替对信贷扩张的限制,只有限制信贷才能真正阻止股票交易所报价上涨和固定资本投资扩张。追加信贷进入贷款市场的方式只是次要的,而重要的是有新创造的信贷流入。如果银行向农民发放更多的信贷,那么农民就有能力偿还从其他渠道获得的贷款,并支付现金购买农用物资。如果银行把更多的信贷作为流动资金发放给企业,那么企业就能释放此前占用的资金。无论如何,银行创造了大量的可支配资金,而可支配资金的获得者试图为这些资金找到最有利可图的投资机会。因此,这些资金很快就会在证券交易所或固定资产投资中找到出路。那种认为可以在不推高股价和扩大固定资产投资的情况下进行信贷扩张的想法是荒谬的。”

〔3〕 一些泡沫的破裂也可能导致其他泡沫的增大——不是中央银行放松货币政策的结果,就是把投资者的资金转移到其他市场的结果。贝克(Baker,2008)报告说,2000～2002 年美国股市泡沫破裂促使投资者购买房地产,因为房地产被看作股票的安全替代品。

〔4〕 另一个例子是大萧条后美国经济复苏缓慢。约尔达等(2014)认为,这是美国家庭在房地产泡沫期间为购买住房贷款导致债务积欠造成的结果。

票的银行亏损、由企业破产造成的不良贷款累积以及资产价格下跌造成了家庭问题，而银行财务状况的恶化导致信贷紧缩，并且限制了企业贷款的供应(Hutchison et al.，2005)。

值得注意的是，价格泡沫问题对货币政策极其重要。在相关研究文献中，中央银行在制定货币政策时是否应该考虑资产价格一直是一个争论不休的问题(Cecchetti et al.，2000；Mishkin，2001)。如果货币供应量增加导致资产价格偏离自己的基本价值，如果泡沫破裂后的调整导致更加长期、严重的衰退，那么这就是另一个反对宽松货币政策的理由。在这种情况下，中央银行似乎也应该考虑资产价格的动态变化情况。如果中央银行只关注消费者价格指数，那么就可能无法看到由增加货币和信贷供应量造成的全部负面后果，包括资产市场的失衡。〔1〕

小　结

总而言之，资产市场出现泡沫是经济中各种商品和服务的价格并没有(像弗里德曼直升机撒钱模型中描述的那样)均匀上涨，而是像坎蒂隆描述的那样不均匀上涨的最好证明。投机泡沫是指某个特定市场价格过度上涨，而且上涨幅度远远大于其他市场的结果。部分资产的价值被高估，就意味着其他资产的价值被低估。资产价格相对上涨既是信贷扩张的结果，也是坎蒂隆效应的具体表现。坎蒂隆效应也能解释价格泡沫形成的原因。如果货币能均匀地流入经济(即在同一时间以相同的比例影响全体经济实体的现金余额)，那么就不可能出现这种现象。但实际上，新增货币是通过特定的渠道(甚至是信贷扩张渠道内部的不同途径)注入经济的。那些货币需求集中、新创货币最先花在它们身上的资产，价格上涨幅度最大。在极端的情况下，现金持续不断地流入某个特定的市场，再加上适当的制度因素(如道德风险)和心理因素(如对价格进一步上涨的预期)，就有可能导致投机泡沫的形成。坎蒂隆效应的这种表现会导致不同的收入和财富再分配，并且与没有投机泡沫相伴的信贷扩张相比会更加严重地威胁到金融稳

---

〔1〕 罗斯巴德(Rothbard，2000[1963])举了美国大萧条的例子。他认为，由于 20 世纪 20 年代一般价格水平差不多保持稳定，因此，大多数经济学家忽视了信贷扩张的潜在影响，最终导致了危机。保利奥和劳 (Borio and Lowe，2002)举了日本(和其他国家)的一些例子。在 1986～1988 年期间，房地产和股票泡沫不断膨胀，日本消费品和服务(消费者价格指数)的通胀率几乎为零。

定,而且还可能导致更加严重的经济衰退。虽然资产价格在货币传导过程中起着重要的作用(Mishkin,2001),但是,中央银行并没有考虑(或者至少没有明确考虑)资产价格通胀的问题。中央银行由于忽视了新增货币可以不通过消费品和服务市场,而是通过资产市场流入经济——并且在资产市场引发猛烈的通胀过程——这一事实,因此有可能推行过于宽松的货币政策,并且导致更加严重的金融不稳定。

第八章　坎蒂隆效应与收入和财富不平等[1]

坎蒂隆效应是指仅通过特定渠道把货币注入经济，从而导致社会内部收入和财富(再)分配(以及由此导致价格和生产结构变化)的现象。在这个过程中，有些人在价格普遍上涨之前早于其他人获得新创造的货币，从而使得他们的实际收入和财富有所增加。在本书中，笔者分析了新增货币的各种分布模式及其结果，特别是新增货币对相对价格结构的影响。在本章，笔者将重点讨论坎蒂隆效应与收入和财富不平等之间的关系。有明显的迹象表明，首轮效应会导致收入和财富(再)分配，从而加剧收入和财富不平等的问题。

长期以来，有经济学家一直在研究价格通胀与收入和财富不平等之间的关系，但是，并没有就这种关系的性质给出明确的答案。[2] 例如，罗默和罗默(Romer and Romer，1998)以及伊斯特利和费雪(Easterly and Fischer，2001)认为，高通胀会导致收入和财富不平等加剧；而希尔和穆思纳(Heer and Maussner，2005)以及斯特里和罗文蒂尼(Maestri and Roventini，2012)则认为，通胀会

---

[1] 本章的内容曾以《通货膨胀和收入不平等》(Inflation and Income Inequality)为题发表过(Sieroń，2017)。

[2] 奥地利学派的代表人物总是注意通货膨胀的再分配特征(如 Mises，1990；Hayek，1935)。但直到最近(如 Balac 2008；Hulsmann，2013；Hollenbeck，2014)，他们才开始分析通货膨胀对收入和财富不平等的影响。

减轻收入和财富不平等的程度。加里和霍文(Galli and Hoeven,2001)进行了值得关注的文献综述,他们认为,这些相互矛盾的研究结论表明,通货膨胀与收入和财富不平等之间存在一种非线性关系:起初,通货膨胀率上升会降低收入和财富不平等的程度,但充分高的通胀率会扩大收入和财富差距。

然而,有关货币政策影响收入和财富不平等的文献仍然非常贫乏。多年来,有些经济学家对研究这种通货膨胀与收入和财富不平等之间的关系并不感兴趣(Mersch,2014)。他们之所以持这种态度,是因为他们坚信货币在长期内中性,还因为他们接受经济模型中代表性行为主体的假设(Raskin,2013)。通货膨胀与收入和财富不平等之间关系的研究者如果不是完全没有看到这种关系(Bernanke,2007;Yellen,2014)并且坚持认为收入和财富不平等的问题不在他们的兴趣范围之内(Greenspan,1997),就是局限于认为货币政策关心的是稳定的低通货膨胀、如何熨平商业周期不同阶段的起伏,并且认为可持续的长期经济增长还能防止收入和财富过度不平等的问题(Greenspan,1998;Coeuré,2012)。

最近,由于一些国家的中央银行在2008年金融危机后推行非常规的货币政策,又由于皮凯蒂(2014)发表了有关不平等问题的论文,因此,学者们对货币政策(包括货币政策的非常规变体)如何影响收入和财富不平等的兴趣不断升温。

例如,英格兰银行的经济学家(2012)指出,最富有的家庭是资产价格上涨的最大受益者,而资产价格上涨是由英格兰银行的量化宽松政策造成的(2011年,英国5%的最富有家庭拥有英国40%的非养老基金金融资产),并且加剧了英国的财富不平等问题。

类似地,多布斯等学者(Dobbs et al.,2013)表示,2012年,美国10%的最富有家庭拥有90%的净金融资产,因此,他们一方面因为利息相对较低而蒙受损失,但另一方面又因为资产价格上涨而获得更多的利益。塞基和弗罗斯特(Saiki and Frost,2014)认为,日本银行尤其是在2008年以后推行的非常规货币政策导致资产价格上涨,而主要受益者是资产中包含相当一大部分股票和债券的最富有家庭。梅尔施(Mersch,2014)也认为非常规货币政策会导致不平等加剧,但又强调具体影响难以量化。雷宗卡(2014)声称,频繁实施量化宽松政策加剧了收入不平等的问题,扩大了资本占国内生产总值的份额。至于欧元区,亚当和蔡姆拉尼(Adam and Tzamourani,2015)以及克拉埃等学者(Claeys et al.,2015)指出,非常规货币政策促成的金融资产价格上涨导致不平等问题加剧。[1]

有关这个主题的已有研究文献大多忽略了坎蒂隆效应,而是关注货币政策和通货膨胀的其他方面。例如,耶格尔(Yeager,1997)指出,由于指数化不完善,通货膨胀降低了社会福利的实际价值,而社会福利是贫困群体的重要收入来源。威尔逊(Wilson,1982)表示,通货膨胀导致实行累进所得税制的国家由于税级攀升——因为名义收入增加而适用较高档次的税率——而加重了税收负担。经济学家经常把通货膨胀率看作一种课征于现金的累退税,因为,在收入增加时,现金资产所占的份额就会缩小(Kennickell Starr-McCluer,1996),而富裕人群能够比较容易地保护自己免受货币购买力下降的影响(Mulligan and Sala-i-Martin,2000),并且承担较低的金融服务或者赊购的单位使用成本(Erosa and Ventura,2002)。其他研究者关注通货膨胀在被预期到或没有被预期到的情况下产生的影响(如 Laidler and Parkin,1975;Fischer and Modigliani,1978),但这似乎并不是一种正确的观点,因为(正如我在第二章指出的那样)货币供应量不均匀的增长,即使在通货膨胀率被预期到的情况下,也会产生再分配效应。这并不意味着,经济学家没有考虑通货膨胀对收入和财富再分配的影响。经济学家分析了由雇员向雇主(由于工资增长滞后于消费品和服务价格上涨)或者由净债权人向净债务人的收入再分配(如 Laidler and Parkin,1975; Li and Zou,2002),但忽略了由新增货币晚获得者向早获得者的收入再分配。

在(虽然并不总是明确,但)提到坎蒂隆效应的作者中,勒多瓦(Ledoit,2011)和科瓦彼翁等(Coibion et al.,2012)注意到了对金融市场进行细分的问题。他们指出,如果有些实体比其他实体更加频繁地参与金融市场交易,而且货币供应量的变化对这些实体的影响早于对其他实体的影响,那么货币供应量的增加就会导致有利于同金融市场关系比较密切的群体的财富再分配。布伦纳迈尔和桑尼科夫(Brunnermeier and Sannikov,2012)也强调,如果新增货币流入某个特定部门,那么这个部门就会获益最多。因此,他们看到了货币政策的再分配效应,甚至认为这是能够有意识地运用货币政策来影响经济的途径之一。威尔逊(1982)写道,虽然通货膨胀意味着一般价格水平上涨,但并不是所有的价格同

---

〔1〕 但应该记住,非标准货币政策不仅通过金融资产的价格,而且通过利率、经济增长率、失业率和房地产价格等更加均匀地影响整个社会的其他渠道来影响收入和财富不平等的问题。有些研究者据此认为,非传统货币政策的净效应可能会降低收入和财富不平等的程度(Claeys et al.,2015)。

比例上涨，从而以一种与经济政策目标完全无关的方式导致收入和财富再分配。巴拉克(Balac,2008)也没有直接提到坎蒂隆效应，但他认为增加货币供应量就是对最后收到新增货币的人征税。他还认为，银行向资信最好的实体发放贷款，从而加剧了收入和财富的不平等，因为资信在某种程度上取决于已有财富。

许尔斯曼的文献(2013)迄今为止最全面地讨论货币通胀与坎蒂隆效应之间的关系以及收入和财富不平等问题。他在文章中指出，1971～2001 年美国贫富差距扩大是在废除金本位制后开始实施相对宽松的货币政策造成的结果。他还指出，财富不平等的加剧比收入不平等的加剧更加显著，从而阻碍了社会进步的进程(年轻人必须工作更长的时间才能获得特定的资产)。然而，许尔斯曼并没有令人满意地说明货币通胀导致不平等的途径。

坎蒂隆效应影响收入和财富不平等的渠道

那么，首轮效应是如何加剧收入和财富不平等的呢？货币通胀和坎蒂隆效应通过五种渠道对收入和财富不平等产生影响。图 8.1 对这五种渠道进行了综合。

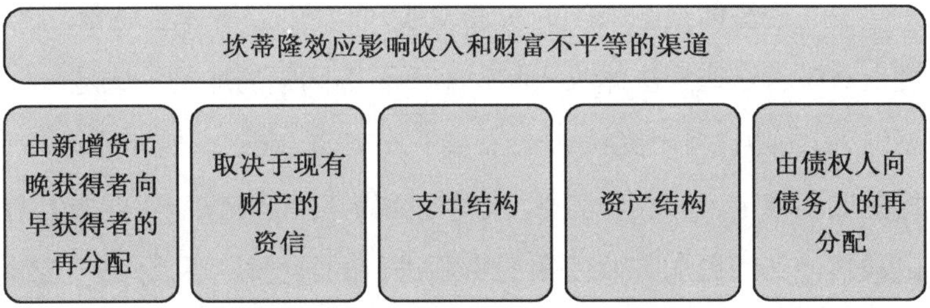

资料来源：作者绘制。

图 8.1　坎蒂隆效应影响收入和财富不平等的渠道

第一，通过特定的渠道引入新增货币，就意味着收入会从新增货币迟获得者重新分配给新增货币早获得者。这是因为，新增货币早获得者在价格还没有发生变化之前就获得了新增货币。这种效应或许可以解释在过去几十年里发达国家金融业的增长——由于信贷扩张以及与中央银行的交易，金融业是发达国家最早获得新增货币的行业之一。美国金融业产值占美国国内生产总值的份额，

1980～2007年的增长速度远远超过1950～1980年。结果，美国金融业产值占美国国内生产总值的份额从1980年的4.9%增加到了2007年的7.9%[1]，而同期美国的股票市值占国内生产总值的比例则从50%上升到了141%(Greenwood and Scharfstein，2012)；美国私营部门金融、保险和房地产业就业人数占全美总就业人数的比例从1979年的6.6%增加到了2005年的7.3%（Palley，2007)。坎蒂隆效应对收入不平等的影响似乎显而易见。1980年，美国金融业的平均工资与其他行业的平均工资大致相同；到了2006年，美国金融业的工资已经比其他行业平均高出70%(Greenwood and Scharfstein，2012)。[2] 此外，首席执行官的薪酬(主要取决于股市表现)与普通员工平均工资的比率从1973年的27∶1上升到了2000年的300∶1(Gordon and Dew-Becker，2005)。林和托马斯克维奇—迪韦(Lin and Tomaskovic-Devey，2013)注意到，1970～2007年美国企业通过金融活动获得的利润明显增加；同期，制造业企业金融交易收入占实现利润的比重从20%上升到了61%。根据林和托马斯克维奇—迪韦(2013)的研究，这种增长势头导致1970～2008年美国劳动者收入在国民收入中所占的比例下降，从而也加剧了收入不平等的程度。

由上可见，通过货币通胀和坎蒂隆效应——而不是自由市场机制，可以解释过去几十年发达经济体金融部门的快速发展，而发达经济体金融部门的发展在一定程度上对应着这些经济体收入和财富不平等问题的加剧。这是一个极其重要的观察结果，因为许多研究认为，金融部门的增长(超过一定水平)——由于经济会变得更加不稳定，通过削弱家庭流动性障碍来降低储蓄率，再加上通货膨胀对本可以被其他部门更加有效使用的资源进行的再分配，因此——会对经济增长产生负面影响(Rzońca，2014)。

第二，商业银行的信贷扩张，通过向相对富裕的个人发放贷款，导致收入和财富不平等加剧，因为相对富裕的个人能够提供更多有价值的抵押品，拥有较好的资信。由于资信取决于已经拥有的资产，而商业银行主要向资信最好的个人或企业发放贷款，因此，信贷扩张与收入和财富不平等的加剧有着内在的联系。

---

[1] 库姆霍夫等(Kumhof et al.，2013)指出，在1920～1928年这个收入不平等问题也显著加剧的时期，美国金融部门的产值占美国国内生产总值的份额从2.8%上升到了4.3%。

[2] 值得关注的是，皮凯蒂和苏索(Piketty and Saez，2003)承认，自20世纪70年代以来收入不平等问题加剧——就像皮凯蒂(2014)所认为的那样——并不是由于资本的作用越来越大，而是由于收入最高员工的工资大幅增加造成的。

这一点在奥地利商业周期理论(Hayek,1935)的经典描述中表现得最为明显。在哈耶克看来,贷款主要发放给企业家用于生产。考虑到为扩大生产而借贷的个人并不属于最贫困群体[1],信贷扩张这种向经济中注入新增货币的方式应该会导致收入和财富不平等加剧。[2] 我们还应该注意,大企业与中小企业相比,较容易获得融资(特别是在推行紧缩性货币政策时期)(如 Oliner and Rudebusch,1996),从而导致行业内企业间收入和财富不平等问题的加剧,进而导致家庭收入差别。

第三,货币供应量增加绝不会导致价格均匀上涨,而是对不同的价格产生不同的影响——部分原因是新创货币分布不均匀。因此,通货膨胀对收入再分配的影响也取决于各种商品和服务价格上涨的速度以及不同商品和服务支出在不同群体总支出中所占的份额。考虑到穷人把更多的钱花在食品等基本必需品上(Wilson,1982),因此,基本必需品价格上涨对穷人的影响要大于对富人的影响。皮尔彻德(Piachaud,1978)的研究表明,1956～1974 年,美国 5%的低收入家庭购买的商品比普通收入家庭购买的商品价格上涨了 26%。哈格曼(Hagemann,1982)对从 1972/1973 年到 1982 年这个时期美国经济的考察也得出了类似的结论:低收入人群较常购买的商品与在富裕人群支出结构中占据较重要位置的商品相比,前者价格以较快的速度上涨。

在所持资产的结构中也存在类似的关系(通货膨胀的第四种再分配渠道)。持有(较多)价格由于货币通胀而上涨(较多)的资产的人[3],相对而言,会以牺牲他人利益的方式获利。这里的关键是:美国的富人不但比穷人拥有更多的资产,而且拥有更多价格会随通胀相应上涨的特定类别资产(如股票)。例如,2007 年,美国 10%的最富有家庭持有占美国总市值 80%～90%的股票(Wolff,2010)。沃尔夫(Wolff,2010)据此认为,美国财富不平等问题加剧,在很大程度上是因为股票相对于美国公民比较均匀地持有的房地产价格上涨更快。

---

〔1〕 根据卡杰蒂和德纳迪(Cagetti and De Nardi,2003)的定义,企业家仅占美国社会成员的 13.3%,但他们拥有 48.8%的净资产。此外,在美国 1%的最富有家庭中,企业家占 76%;而在 20%的最富有家庭中,企业家只占 36%。

〔2〕 关于这种情况最生动的例子可能就是德国魏玛共和国恶性通货膨胀时期的信贷扩张。由于贷款主要发放给大实业家,因此,收入和财富的差距在第一次世界大战结束后的一段时期有所扩大,而中产阶级受到的影响则最大(Bresciani-Turroni,2007)。

〔3〕 值得注意的是,近年来资产价格上涨,不但因为新创货币首先流入资产市场,而且因为商业银行的信贷扩张和中央银行的超宽松货币政策,还包括中央银行为实施量化宽松计划而直接购买资产,从而造成了低利率。

值得注意的是，虽然资产价格上涨对资产持有人有利，却扩大了资产持有人与无资产者之间的差距(Hulsmann，2013)，而且意味着，穷人必须工作更长的时间才能积累一定水平的财富——这种情况会阻碍社会纵向流动的进程。

第五，有些收入或价格相对比较刚性，不会快速变化，从而促成了通货膨胀的再分配效应。明显的例子包括固定收益证券或长期合同谈定的价格(工资、租金等)，这就意味着收入会由广义的债权人重新分配给广义的债务人。在这种情况下，政府是作为净债务人的主要受益人；而对于其他经济实体而言，再分配的结果因时而异。例如，在 20 世纪 60 年代和 70 年代的美国，除了政府以外，净债务人是非金融部门，而包括家庭在内的金融部门则是净债权人；在 20 世纪 80 年代和 90 年代，美国金融部门是净债务人，从而导致这个部门的收入占美国经济的份额有所增加；而在 21 世纪的头 10 年里，美国传统上是净债权人的家庭变成了净债务人，而金融部门再次成为净债权人(Eichner et al.，2010)。根据 2001 年的数据，美国家庭之间的再分配，可以说变得有点复杂了，因为这种再分配不是遵循从最贫困家庭向最富有家庭(也不是从最富有家庭向最贫困家庭)的方向，而是按照从最贫困和最富有阶层到中产阶层的方向，因为中产阶层中拥有欠债最多的净债务人(Doepke and Schneider，2005)。

关于美国收入和财富不平等形成过程的经验数据

以上讨论的第五种通胀效应可以解释美国很多年来通货膨胀与收入和财富不平等之间的正相关关系。在第一次世界大战期间，美国的收入和财富不平等加剧，在战后通货紧缩的大萧条时期，这种不平等程度有所减轻，但到了 20 世纪的通货膨胀年代，这种不平等又有所加剧(Piketty and Saez，2003)。[1]

根据罗斯巴德(Rothbard，2000[1963])的研究，从 1921 年 6 月 30 日到 1929 年 6 月 30 日，美国的货币供应量增加了 61.8%，新增货币主要是通过购买金融资产的渠道进入经济。坎蒂隆效应的这种表现形式导致股市出现了泡沫，而且导致收入和财富分配发生了重大变化。简而言之，20 世纪 20 年代，美国的货币供应量变化对中产阶级和上层阶级有利，他们通过增加工资并赚到更多的股息

〔1〕 值得注意的是，英国的不平等程度在 19 世纪下半叶的通货紧缩时期变得越来越小，因为当时英国实行了所谓的经典金本位制(Saito，2010；Williamson，1985)。

而获益;但收入相对较低的阶层,如工人或者农民的境况就有所恶化(Radice,1935)。美国10%的最富有家庭的收入占比数据就能说明这种收入再分配,美国这类家庭的收入占比从1923年的40.59%上升到了1928年的46.09%(Piketty and Saez,2003)。[1] 1929年股市泡沫破裂以后,美国不同阶层家庭之间收入不平等的程度开始下降(Piketty and Saez,2003),但在第二次世界大战通胀时期再次上升,直到20世纪50年代才重又下降。

在20世纪70年代以前,美国的收入不平等程度一直比较稳定,或者略有下降。[2] 但美国在70年代最终放弃了金本位制,从而又加快了货币供应量的增长速度。1959～1971年,美国基础货币年均(几何平均数)增长4.62%,而$M1$年均增长3.72%。1971～2013年,美国基础货币和$M1$年均分别增长9.26%和5.97%(Federal Reserve Bank of St. Louis,2015a)。货币通胀率越高,就有可能产生越强的再分配效应,而且其影响力会超过生产率提高等其他因素的影响力。美国家庭的基尼系数从1971年的0.396上升到了2006年的0.470(Federal Reserve Bank of St. Louis,2015b),平均收入与中位数收入之比——衡量家庭收入分布上半区集中度的指标——从1969年的1.14上升到了2007年的1.35(Hülsmann,2013)。[3]

值得注意的是,收入不平等的问题在1997～2000年和2003～2007年通货膨胀时期有所加剧,并在2000年股市繁荣和大衰退时期又有所下降。在2000年股市繁荣和大衰退时期,美国1%的最富有家庭占总收入的份额从21.3%下降到了17.2%(Wolf,2010)。

收入不平等程度的加剧还伴随着财富不平等程度的加剧,这一点应该不会令人惊讶,因为收入不平等是造成财富不平等的主要原因之一。

根据库姆霍夫等(Kumhof et al.,2013)估计,1922～1999年,美国1%的最富有家庭占美国总财富的比例从36.7%上升到了44.2%。1983～2007年,反映净财富不平等程度的基尼系数从0.799上涨到了0.834 (Wolff,2010)。在这个时期,美国占家庭总数1%的最富有家庭拥有的财富增加了103%,而美国占

---

[1] 5%的最富有家庭所占的份额从1920年的27.4%上升到了1929年的34.8% (Kumhof et al.,2013)。

[2] 但在大多数经合组织国家,收入不平等的问题直到20世纪80年代才开始加剧(OECD,2011)。

[3] 1983～2007年,5%的最富有家庭占总收入的份额从21.8%上升到了33.8% (Kumhof et al.,2013)。

家庭总数40%的最贫困家庭拥有的财富减少了63%(Wolff,2010)。近十几年,美国基尼系数在1997～2000年繁荣时期从0.53上涨到了0.56,然后在2003年网络泡沫破灭后下跌到了0.54,在2007年重又上升到了0.57(Wolf,2010),最后在2010年的大衰退时期再次下跌到了0.55(Wolf,2012)。

我们再来看看财富均值与中位数之比这个衡量财富分布上半区集中度的指标。美国的这个指标从1969年的3.65上升到了2007年的5.23,而美国10%的最富有家庭占美国总财富的份额从1989年的67.2%增加到了2007年的71.5% (Kennickell,2009)。同样重要的是,由于资产价格上涨,美国人均财富与年收入的比率从1969年的4.10上升到了2007年的7.93 (Hulsmann,2013),这就意味着富人(有资产者)与穷人(尚无资产者和现在工作时间必须比以前长得多才买得起资产的人)之间的不平等程度在不断提高。

总的来说,对收入和财富不平等逐渐形成过程的分析显示,在美国,不平等问题从货币供应量增速加快的20世纪70年代开始明显加剧,并且在货币供应量不均匀增长导致投机泡沫时期普遍变得更加严重,但在泡沫破灭后又重新有所缓和。美国10%的最富有家庭在1929年和2008年经济危机爆发以前达到了收入顶峰,这似乎并不是巧合(Piketty,2014)。上述事实表明,与货币通胀相关的坎蒂隆效应是导致美国自20世纪70年代以来观察到的不平等问题动态变化的因素〔1〕之一。〔2〕

小 结

综上所述,货币供应量绝不会均匀增加,从而导致相对价格结构变化、商业周期和投机泡沫。事实证明,相对贫困的群体会因为货币通胀而蒙受损失,而富

〔1〕 当然,收入和财富不平等的动态变化是由许多因素造成的结果。20世纪70年代以来,可能影响发达国家不平等问题加剧的其他决定因素包括:社会人口变化,如家庭结构变化(高收入者更愿意结婚过日子,而低收入者则倾向于独自生活或独自抚养孩子)(如Burtless,1999);有利于熟练工人的技术进步(基于技能的技术进步)(如Acemoglu,2000);导致非熟练工人竞争加剧的全球化(OECD,2011);获得接受重要性不断增长的教育机会不均等(如Gregorio and Lee,2002)。不过还应该指出,上述因素并不能解释为什么收入不平等的问题在20世纪20年代有所加剧,或者为什么这一问题在过去40年的某些年份里却有所减缓。

〔2〕 库姆霍夫等(2013)扭转了这种关系,他们认为不平等问题加剧会导致贫困家庭负债过度,并因此而导致经济危机。虽然他们的分析无疑是有价值的,但只是不平等加剧本身不可能成为不稳定的繁荣和随后发生的危机的原因,因为这些都是货币现象。因此,危机前的经济繁荣以及债务和不平等问题加剧似乎是由同一个因素造成的,也就是通过信贷渠道增加货币供应量。

人群体则因为货币通胀而受益。这是因为相对贫困的群体不是新创货币的首批获得者;另外,相对价格结构变化对他们比较不利。因此,坎蒂隆效应会导致收入和财富再分配,从而加剧收入和财富不平等的程度。重要的是,由于首轮效应导致货币即使在长期内也并不中性,因此,货币通胀对收入和财富不平等的影响并不只是一种暂时的短期影响。换句话说,坎蒂隆效应是财政政策和货币政策导致公民收入和财富再分配的原因之一(尽管在个人之间重新分配收入缺乏合法性)。深入分析货币供应量增加的再分配效应,有助于我们理解货币政策和商业周期的影响效应(Raskin,2013)。首轮效应的存在也有可能是反对货币政策过度宽松的另一论据,因为货币政策过于宽松的一个意外影响就是收入和财富再分配,而收入和财富再分配会从许多方面导致收入和财富不平等程度加剧。由于货币政策通过多种渠道影响收入和财富的不平等,因此很难估计每个渠道影响收入和财富不平等的净效应。[1] 然而,这并没有改变这样一个事实:货币供应量增加就意味着从新增货币较晚获得者向新增货币较早获得者的收入再分配,而新增货币较早获得者则是金融部门比较富裕的实体。从债权人向债务人的再分配,相对而言,有利于中产阶级,但不利于最贫困和最富有群体,而金融资产价格上涨则有利于最富有家庭。

---

〔1〕 应该记住,资产价格上涨及其产生的财富效应是量化宽松政策的预期结果。但不应忘记,公共选择理论通常把货币政策视为寻租行为——官僚或政客想要赢得选举的行为——的结果(Wagner,1986)。

第九章　国际坎蒂隆效应

为了简化我们的分析，到目前为止，笔者只考虑发生在封闭经济中的坎蒂隆效应。在本章，笔者将考察坎蒂隆效应的国际表现，也就是在现代全球化经济中，一个国家（尤其是在一个全球性经济大国或储备货币发行国）增加货币供应量，也可能在其他国家导致重要的分配和价格效应。现在有越来越多的研究者强调商业周期在国家间的同步趋势（如 Canova et al.，2004；Bordo and Helbling，2010），并且认为通货膨胀是一种全球现象；商业周期和通货膨胀是国际和超国家因素，对本国经济的通胀率负有很大的责任（Ciccarelli and Mojon，2005；Borio and Filardo，2007）。

以下关于国际坎蒂隆效应的分析在广度和深度两个方面，对忽视首轮效应的国际商业周期研究以及传统上只考察封闭经济的奥地利学派商业周期理论进行了扩展（Cachanosky，2012）。[1]

不同货币制度下的国际坎蒂隆效应

国际坎蒂隆效应的作用因货币制度而异。在只有一种全球性商品货币并实

---

〔1〕 用国际语境扩展奥地利学派商业周期理论的文献包括 Hayek（1937）、Engelhardt（2004）、Hoffmann（2009）、Cachanosky（2012）、Bilo（2018）、Hoffmann 和 Schnabl（2013）以及 Dorobat（2015）。

行全额准备金制的货币制度中，生产商品货币的国家发生通货膨胀，主要通过(由本国和外国现金余额及相对价格结构变化造成的)国际贸易变化和价格—铸币流动机制影响其他国家。这种效应的影响力取决于进口倾向，而收入分配结果则取决于进口商品与出口商品的相对价格(贸易条件)。换句话说，一个国家的货币通胀即使在新增货币没有直接流入其他国家的情况下也会影响其他国家，但只能通过世界价格变化来影响其他国家。但从根本上说，这种货币制度下的国际坎蒂隆效应与一国国内首轮效应并没有明显的差别。[1]

在各国都有自己货币的国际货币体系中，国际贸易渠道仍然会产生影响：增加货币供应量的国家当然是新增货币的最早获得者，并且能够从国外购买更多的商品，从而增加有关商品卖家的收入，并且把通货膨胀传导到其他国家，直到各国的相关商品价格根据“一价法则”上涨到相同水平为止。

但是，在浮动汇率制下，通货膨胀也会通过汇率产生影响。实际上，汇率首先会受到影响(因为相对而言，新增货币较早进入外汇市场)，从而会改变坎蒂隆效应的表现方式。在汇率变化快于国内商品价格变化的情况下，通货膨胀的受益者是出口商，而不是进口商。按照卡彻诺斯基(Cachanosky，2012)的说法，在这样的货币制度下，汇率是——除了利率之外——受中央银行货币政策和信贷扩张影响的第二重要价格。由于当前本国货币通胀会导致本币汇率下跌，并且提高出口利润率，因此，信贷扩张也会引起横向干扰，从而提高首先推行通货膨胀并导致其他国家逆向变化的国家对外贸易部门的出口商品生产对非出口商品生产的相对利润率。换句话说，汇率为信贷扩张分析引入了另一个维度——货币供应量增加能够导致纵向和横向变化。新增货币能够通过国内信贷市场、国外信贷市场和外汇市场流入全球经济。

同样值得注意的是，无论是在固定汇率制度还是在浮动汇率制度下都有储备货币，而储备货币发行国通过增加货币供应量能够在更大程度上获益(在汇率没有明显波动的情况下)。[2] 对于储备货币发行国来说，国际收支不再是制约

---

[1] 唯一的差别可能是，主要由政府规制造成的商品和生产要素在国际范围内的流动性较差，从而导致相对价格结构调整速度放慢。

[2] 戈顿等(Gordon et al.，1977)区分了三个与增加储备货币(具体地说，就是布雷顿森林体系中的美元)供应量有关的渠道。首先，美国收入增长较快并丧失价格竞争力，导致其他国家贸易顺差。其次，美国利用布雷顿森林体系进行货币化，使得自己能够通过增加货币供应量来弥补自己的国际收支逆差，从而增加其他国家的基础货币，进而导致这些国家通货膨胀。最后，美国通货膨胀的加速可能会使其他国家形成通货膨胀预期，从而导致物价上涨。

本国经济政策的重要限制因素(Bordo,1993)。因此,储备货币发行国的公民能从国外购买较多的商品,换句话说,这就是国际通胀性再分配的结果。此外,由于储备货币发行国可以自行决定增加货币供应量(不用担心货币外流),因此,货币通胀会加剧。由上可见,货币通胀总会导致国内和国际市场相对价格结构发生变化。[1]

信贷扩张的国际影响效应

那么,信贷扩张会产生怎样的国际坎蒂隆效应呢?(图 9.1 进行了综合图示。)

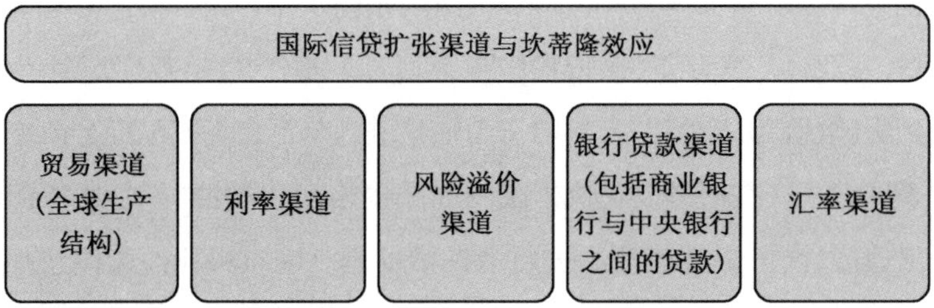

资料来源:作者绘制。

图 9.1　国际信贷扩张渠道与坎蒂隆效应

第一,即使没有固定汇率和货币干预,一个国家货币供应量的最初增加也可能会导致其他国家的货币供应量增加。这是因为,进口支出导致国外银行准备金增加,而外国银行能够在此基础上增发贷款。因此,在部分准备金制度下,贸易渠道有可能把货币通胀和商业周期传导到没有启动信贷扩张而实施相对紧缩的货币政策的国家。正如奇卡雷利和莫琼(Ciccarelli and Mojon,2005,p. 28)所说的那样:“没有一个国家,甚至瑞士,能够声称自己完全不受全球通货膨胀冲击的影响。”哈耶克(1937,p. 175)甚至认为:

> 整个问题的全部真相是:凡是分享国际分工利益的国家,如果不切

[1] 在上面的分析中,为了简化起见,笔者省略了银行活动和信贷扩张。但值得注意的是,国际支付改变了相互贸易国家彼此之间的银行贷款和存款额。在货币供应量增加的国家,进口增加,贸易逆差增加。其结果是,本国居民持有的存款和银行准备金供应减少,从而导致进一步的变化。国内存款减少促使银行出售本国资产,或者直接提高利率以吸引储户(Paish,1936)。

断自己与世界其他地区的全部贸易关系，就不可能摆脱国际贸易关系干扰的影响。当然，与世界其他地区的接触点越少，国外干扰因素对国内的影响就越小。但是，只要仍然是国际商业社会的成员，那么认为有可能通过执行本国货币政策来防止外部世界的干扰影响到本国就只能是一种幻想，因为只有在国家是封闭社会的条件下才可能出现这种情况。

换句话说，在现代全球经济中，实际上存在一种全球性的生产结构。

因此，信贷扩张，譬如说由贸易关系造成的信贷扩张，必然会对不同的国家产生不同的影响。〔1〕目前，几乎所有产品的生产过程都具有国际性质，从而产生了重要的结果，因为各国在不同的生产阶段专业化生产各种对利率变化敏感程度不同的产品。〔2〕因此，国际商业周期不均匀地影响不同的国家。

正如恩格尔哈特（Engelhardt，2004）指出的那样，专业化于高阶商品生产的国家会经历更加高涨的繁荣和更加严重的衰退。更重要的是，只要存在全球资本市场，这种类型的经济体可能也会经历商业周期，这是由于其他国家的中央银行实行宽松货币政策和它们的商业银行实行信贷扩张的结果。这一点可以用来解释为什么有那么多的发展中国家在 21 世纪早期经历了经济繁荣（The World Bank，2010；The World Bank，2015a）。许多发展中国家专业化于原材料这种高阶商品生产。由于这些国家的生产对利率变化相对比较敏感（Frankel，2006），因此这些商品的价格不断上涨，而这些国家也经历了经济繁荣（The World Bank，2015b）。〔3〕大宗商品价格上涨程度还由于它们的标价货币美元的贬值而进一步提高。同样值得注意的是，参与全球经济有可能延长繁荣的持续时间，尤其是在开放型小经济体，因为进口生产要素、原材料和半成品的可能性减少了生产过程中的瓶颈问题，推迟了经济繁荣的结束（Cachanosky，2012）。

第二，（特别是在一个像美国这种作为世界重要经济和金融中心的经济体里）信贷扩张导致利率下降，进而通过贸易关系和资本流动引发国内和国外的

---

〔1〕 多罗巴特（Dorobat，2015）认为，重要经济中心国家的信贷扩张会导致国际贸易（和相关资本流动）增加，其中一个原因就是，（由于信贷扩张）高阶商品需求增加，即由于参与高阶商品生产的国际分工，因此会导致国际贸易增长。

〔2〕 国际化生产链被称为“全球价值链”（Gereffi and Fernardez-Stark，2011）。

〔3〕 麦金尼（McKinney，2014）按惯例把国家分为原材料生产国（大多数发展中国家）、消费品生产国（如中国）和资本品生产国（发达国家）。根据奥地利学派的商业周期理论（米塞斯的观点），繁荣阶段的特点是同时出现不当投资和过度消费的问题（Salerno，2012），因此，中国在 21 世纪头 10 年的繁荣不应该令人惊讶。

商业周期。[1] 按照套利交易的投资策略，国与国之间的利率套利导致资本从利率较低的国家外流到利率较高的国家（已考虑汇率的预期变化）。[2] 这种现象在最近几年（2010～2014 年）似乎就出现过，当时西方各国经济维持着非常低的利率，导致资本外流到发展中国家，进而导致发展中国家的资产价格上涨。鉴于货币供应量和信贷增加被认为会对国内经济产生积极的影响，因此，这种国际影响效应也许可被认为是推行国内货币政策造成的意外结果。同样值得注意的是，世界主要金融中心利率下降，也可能导致其他希望避免资本流入和本币汇率上涨的经济体降低利率（Hofmann and Takats，2015）。

举例来说，美国为应对 2008 年经济危机调低了利率，从而引发其他许多国家被迫下调利率（Hoffmann and Takats，2015），继而导致发展中国家增加贷款以及全球范围内的信贷供给增加（BIS，2015）。[3] 美联储在 21 世纪头 10 年的前 5 年里实施的货币政策所产生的影响，也许是货币通胀产生国际影响的另一个显著例子。在那 5 年里，美国中央银行保持相对较低的利率，按照施纳布尔和霍夫曼（Schnabl and Hoffmann，2007）的说法，结果导致美国资本外流到发展中国家的市场，并且推助信贷以过快的速度扩张，从而引发了人为的繁荣。保利奥和蒂斯亚塔（Borio and Disyatat，2011）也指出，互联网泡沫的破裂以及随后美联储对此做出的降息反应增加了信贷供给，并且鼓励资本外流到发展中国家。有些发展中国家也通过降息作出回应，而另一些发展中国家则积累了大量的外汇储备（主要是以购买美国债券的方式），从而迫使发展中国家降低利润率和风险溢价，进而加剧了全球范围内的信贷扩张。同期，欧洲中央银行以同样的方式作出了回应，也就是降低利率并把利率维持在一个相对较低的水平，按照霍夫曼（2009）的说法，结果导致资本外流到中欧和东欧市场，从而在这个地区的许多国家造成了虚假繁荣和价格泡沫。

第三，信贷扩张不但会减小利率的时间偏好分量，而且会降低风险溢价，促使投资者为追逐高回报率而去其他国家寻求风险更大的投资机会（Gambacorta，

---

〔1〕 约尔达等（2010）指出，货币和贷款供给增加先于全球危机。关于资本大量流入发达国家和发展中国家时期的详细讨论，请参阅 Reinhart and Reinhart（2008）。

〔2〕 套利交易投资策略利用国家之间的利差，借入（做空）低利率国家的货币资金，并用这些资金购买（做多）高利率国家的货币资金（Frankel，2008）。

〔3〕 2002～2007 年，国际银行贷款供给的增长速度大约是世界名义国内生产总值的两倍，是上一个 10 年的两倍多；而 2003～2007 年，流入发展中国家的资本增加了 70%，从而导致借贷成本下降（The World Bank，2010）。

2009;Subramanian,2014)。这在美国长期国债收益率下降的情况下尤其如此,因为美国长期国债被认为是无风险投资品种,它们的利率被作为高风险金融工具定价的基准(Mohanty,2014)。[1] 此外,通过信贷渠道增加货币供应量,会导致利率下降、抵押品增值,从而降低商业银行蒙受损失的可能性,进而增强它们的冒险倾向。请读者不要忘记,资产价格上涨与它们的低波动性有关,因此也有可能扭曲风险感知,并鼓励银行和投资者增大自己的敞口风险(Gambacorta,2009)。[2] 值得注意的是,在21世纪头10年里,这个问题也可能在许多被认为不稳定和危险的发展中国家触发或至少强化了繁荣。更重要的是,在这些国家占主导地位的生产高阶商品(如采矿、农业和原材料)的部门进行投资,似乎风险特别大。按照贝克(2013)的说法,许多非洲国家在21世纪最初几年里经历了高涨的繁荣(The World Bank,2015b),因为这些国家主要生产高阶产品,并且具有风险溢价相对较高的特点,因而吸引了寻求尽可能高的(预期)回报率的资本流入它们的市场。

第四,信贷扩张发起国的商业银行可以向外国商业银行发放贷款,甚至直接向外国非银行实体发放贷款(或购买外国资产)[3],特别是在国外利率较高的情况下。[4] 20世纪20年代,美国商业银行购买收益率高于国内债券的外国债券(Eichengreen,1989),也许就是这样一个例子。

放给银行和外国企业的贷款在触发亚洲危机的过程中也扮演了重要的角色(Heffernan,2005)。在放松对亚洲国家资本自由流动的限制并于1996年完全取消这些限制之后,大量的外国贷款流向了亚洲国家。1995～1996年,韩国、印度尼西亚、马来西亚、菲律宾和泰国接受了价值750亿美元的外国贷款,其中58%是银行间融资,20%是银行贷款,22%是发行债券。1997年初,外国贷款占亚洲总债务的40%。亚洲国家的一些银行借进日元和美元低息贷款,然后向本国企业发放本币贷款。1990～1997年,泰国和印度尼西亚的银行贷款(按价值

---

[1] 此外,资本流入国货币升值有助于改善本国企业的资产负债表,降低信贷风险,并鼓励银行增加对当地实体的贷款(Bruno and Shin,2014)。

[2] 2002～2007年,风险较高的债务工具与被认为比较安全的债务工具之间的息差大幅下降。例如,AAA级美国公司债券的风险溢价在这个时期从490个基点下降到了65个基点(The World Bank,2010)。

[3] 保利奥和蒂斯亚塔(2011)指出,2010年,商业银行对非美国居民持有的美元债权占美国国内银行信贷总额1/3(不包括银行内部信贷)。

[4] 一国的货币通胀也会通过银行及其国外分支机构之间的内部贷款,对其他国家造成重大经济影响(Cetorelli and Goldberg,2009;Haas and Lelyveld,2011)。

计)每年以18%的速度增长,韩国以12%的速度增长[而十国集团(G-10)国家的平均年增长率仅为4%]。更重要的是,由于亚洲国家的货币与美元的汇率是固定的,亚洲各国中央银行都通过增加本国货币供应量来应对本币需求不断增加的局面,而本币需求不断增加则是由外国投资者直接促成的,或者是由本国银行借入外汇贷款后发放本币贷款造成的。因此,发达国家的货币通胀导致了亚洲国家货币供应量增加(直接通过对外贷款,间接通过在固定汇率制度下要求货币升值的压力),这与显著的坎蒂隆效应有关。

这方面的其他例子还有2008年的美国金融危机和欧元区的危机。美国2008年的金融危机是由此前的信贷扩张——主要是由欧洲商业银行通过美国影子银行系统融资——造成的(Shin,2011)。[1] 辛恩(Sinn,2011)认为,德国的资本外流先是导致欧元区外围国家的繁荣(随后是危机)。[2]

第五,一些国家的中央银行可以贷款给另一些国家的中央银行,从而提高了后者为本国商业银行融资的能力。美联储在2007年12月向其他国家中央银行提供并在2008年金融危机爆发后扩大货币互换额度,就是这方面的一个例子。多亏这种货币互换,这些国家的中央银行能够为它们辖区内的金融机构提供后者迫切需要的美元资金(Fleming and Klagge,2010)。另一个值得关注的例子是隶属于TARGET2系统的中央银行之间的结算。根据辛恩和沃尔梅夏厄塞(Sinn and Wollmershaeuser,2011)的研究,2008～2011年间这个系统内部的贷款使得欧元区边缘国家能够融资弥补它们的贸易逆差,并抵消私人资本的流出。

第六,资本流动导致汇率波动。信贷扩张发起国的货币会贬值,而资本流入国的货币则会升值。汇率波动会导致生产和国际贸易结构变化,以及进口商与出口商和可贸易商品生产商与不可贸易商品生产商之间的收入再分配,等等。此外,资本流入国货币升值会导致外币债务贬值,从而刺激债务不断增加、信贷不断扩张。此外,对于货币面临升值压力的国家,其中央银行可能会决定降低利率或积累外汇储备,以抵消它们认为是负面的汇率波动,而中央银行的这类活动

[1] 但是,保利奥等(2014)认为,欧洲银行在资本流出和流入美国的过程中扮演了中介角色。麦考利等(2015)也分析了信贷扩张在美国的传导,并且指出,从2008年金融危机爆发到2014年6月,国外非银行实体获得的信贷(包括银行贷款和购买债券)从60 000亿美元增加到了90 000亿美元。这种信贷供给的增长速度远远高于因实施量化宽松货币政策而发放给国内非银行实体的贷款的增长速度,从而降低了长期债券的利息,并促使投资者购买收益率较高的外国债券,增强了国际债券市场对信贷扩张的作用,但也减少了传统的银行贷款(Shin,2013)。

[2] 国际贷款在总信贷扩张中发挥重要作用的其他例子,还有2008年金融危机之前的爱尔兰、匈牙利和立陶宛(Avdjiev et al.,2012)。

会激化全球性商业周期(Mohanty,2014)。

小　结

世界主要经济体——主要是美国(因为美元有作为储备货币的广泛用途)——增加货币供应量,会导致坎蒂隆效应在国际范围内产生作用。国际坎蒂隆效应的具体表现机制取决于现行的货币制度。在各国使用一种全球货币或各国货币汇率固定的情况下,坎蒂隆效应的最大受益者是净进口国,因为它们在现金余额增加以后能以尚未发生变化的全球价格进口商品和服务。在实行浮动汇率制的现代货币体系中,由于新增货币以相对较快的速度进入外汇市场,因此,增加货币供应量的国家货币就会贬值,而净出口国就能从中受益。[1] 然而,这并不意味着新增货币的早获得者不能因货币通胀而受益(相对于全球经济中新增货币的较晚获得者而言),而是由于本国货币贬值,他们的受益程度会降低。[2] 在部分准备金制度下,一国货币供应量的增加会通过汇率渠道以及贸易、利率、风险和信贷这四个渠道影响其他国家。

利用国际首轮效应可以解释商业现象的全球性(或不同国家商业周期可观察到的同步性)。通过信贷渠道把新增货币注入货币通胀发起国的经济,会导致利率下降,并且通过利率套利导致资本外流到其他经济体,而且还会导致通货膨胀现象。一个全球重要经济体利率下降,投资者可能就会寻求更高的收益率,并且接受风险更大的投资机会。鉴于今天所有的国家(或许不包括朝鲜)在经济上都不同程度地相互联系在一起,并且创建了全球生产结构,因此,重要的金融中心国家实施信贷扩张,并且由此造成利率下降,那么就会导致全球生产结构失调(如一个相对繁荣的国家专业化于高阶商品生产)。现代货币体系由各国的法定货币组成,因此信贷扩张不仅会导致利率水平变化,而且会导致汇率水平变化。由于新创货币进入外汇市场相对较快(货币通胀发起国的投资者必须出售本国货币以购买外国货币并投资于外国盈利率较高的金融工具),因此,通货膨胀会

---

〔1〕 国际坎蒂隆效应的具体表现——对净出口国有利——或许可以解释为什么一些国家决定增加货币供应,尽管这样做并不会提高普通公众的实际富裕程度。

〔2〕 为了说明这个问题,我们假设 A 国货币供应量增加了一倍,而且,全部新增货币都流到 X 的手中,X 打算用这些钱购买 100 单位的进口商品。即使汇率跌掉了一半,X 仍然可以进口 50 单位的国外商品,从而减少了可供他人使用的商品数量。

相对较快地影响汇率，改变国内和国外价格结构，并且影响出口和进口盈利率。由此可见，在当代货币制度下，信贷扩张不但会导致生产结构过度延长，而且会造成横向干扰；更具体地说，不但会导致进口商品与本国商品之间的支出结构变化，还会干扰出口商品与国内商品生产以及对外贸易中的可贸易商品与不可贸易商品生产之间的资本配置。

分析国际范围内的坎蒂隆效应，得出了对于经济学理论和货币政策极其重要的结论。各国法定货币并没有与全球通胀过程和国际商业周期隔绝开来（哈耶克，1937），这个结论不同于很多观点。在现代全球经济中，某个特定国家——特别是开放型小经济体——即使实施相对紧缩的货币政策，也仍可能会经历通货膨胀过程和商业周期。阿达里德和德特肯（Adalid and Detken，2007）甚至认为，全球信贷供给增加是比国内信贷供给增加和价格通胀率更好的金融危机预测指标。因此，如果不考虑全球通胀因素，就有可能导致中央银行的政策具有过度的扩张性。国际坎蒂隆效应还可被视为重要全球性经济体货币扩张的意外结果（特别是在美国，因为美元作为储备货币居于支配地位），也被视为对（太过）宽松（主要是根据像消费品和服务价格指数这样的国别变量制定）的货币政策的反对意见。因此，国际资本流动——货币在全球经济中持续“繁殖”的表现——破坏了国家货币政策的有效性，因为本国中央银行（除了使用资本管制这一激进工具外）无法直接影响由外国实体提供的或国际资本市场上的信贷供给。

另一方面，由于新创货币在世界经济中的全球性扩散，如果新创货币首先流入外国市场，那么某个国家的货币通胀就不一定会导致（相对较快的）国内价格上涨。〔1〕因此，实施货币通胀的一种特定方式——譬如说，当新创货币大量流向国外时——也许能够解释为什么货币供应量的增加不一定会导致国内价格显著上涨（Borio and Filardo，2007）。

同样，如果某个特定国家的新创货币被投资于国外，那么这个国家的信贷扩张就不一定会在国内引发明显的商业周期。换句话说，资本外流能缓解资本输出国的商业周期，但会在资本输入国引发或加剧商业周期，这也证明了研究新增

〔1〕货币外流的速度在很大程度上取决于本国居民希望维持现金余额水平的偏好。就像在一个封闭经济体中，货币供应量增加会导致现金余额水平发生变化。如果个人想要恢复其现金余额的初始水平，就会多花钱。但考虑到整个社会无法把现金余额降低到以前的水平，因此，最终会推高物价。但在全球经济的情况下，即使某国增加货币供应量，本国居民也有可能保持现金余额不变（当然是就单个国家而言，不是对整个国际社会而言）。新创货币会流向那些个人更愿意增加（不愿减少）现金余额的国家（Mises，1998[1949]）。

货币如何进入经济的必要性。考虑到国际资本流动以及全球生产结构中的贸易交往，浮动汇率不允许执行某个国家执行独立的货币政策。更重要的是，现代国际货币体系是建立在国家法定货币、浮动汇率以及实行部分准备金制的银行活动的基础上的，这种国际货币体系本身会导致国际资本流动——而国际资本流动有利于经济在全世界进行有效的资本配置，从而加剧全球商业周期和破坏各国经济的稳定。[1] 但是，这并不是实施资本管制的理由，而是反对宽松的货币政策和信贷扩张以及采用法定货币的国家实行浮动汇率制的依据。

〔1〕 戈德法恩和巴尔德斯(Goldfajn and Valdes，1997)指出，银行活动增加和资本流入先于货币危机发生。甚至在很早以前，哈耶克(1937，pp. 393－394)就指出："每次关于汇率在不久的将来可能会发生变化的猜疑，都会产生强烈的追加动机，促使资本从货币可能贬值的国家转移到货币可能升值的国家。"只要汇率的可能波动幅度局限在某个固定点上下狭窄的区间(例如在黄金输出点与输入点之间)，那么短期资本流动的总体影响是缩小汇率的实际波动幅度，因为汇率每次发生偏离固定点的波动，通常会产生一种汇率很快将发生逆向波动的预期。也就是说，短期资本流动总体上趋向于减轻最初导致国际收支暂时出现逆差的原因所造成的压力。但是，如果汇率变化无常，那么资本流动就会趋向于产生与最初原因方向相同的作用，从而加剧汇率波动。这就意味着，如果这个初始原因已经是短期资本流动，那么汇率波动往往会成倍扩大其幅度，并且有可能使原本也许是很小的不便变成大麻烦。因此，"汇率波动为说明短期资本流动的必要性提供了一个非常有力的新理由，而且是一个与适用于安全可靠的国际标准的理由有着根本区别的理由"(Hayek，1937，p. 387)。

概要与结论[1]

笔者在本书中呈现给读者的内容可以总结如下：

● 货币中性一般是指货币现象对实体经济变量不产生影响，而货币非中性则是指货币现象对实体经济变量产生影响。

● 有许多货币中性的概念，因而也有许多货币非中性的概念，具体取决于所采用的货币现象和实体经济变量的定义。

● 坎蒂隆效应又称首轮效应，是指由货币供应量不均匀变化产生的分配效应。也就是说，货币供应量变化不会同时、同比例影响全体经济实体的现金余额。虽然货币紧缩也有分配效应，但这种分配极易被认为是货币供应量增长造成的不均匀分配。

● 坎蒂隆效应是造成货币非中性的原因之一。在实践中，坎蒂隆效应虽然并不是货币非中性的必要条件，却是货币非中性的一个充分条件，因为我们在新增货币在社会全体成员中间均匀分配的情况下也能观察到这种特征。要使货币中性，还必须满足其他几个条件。

● 虽然由于"货币主义反革命"，已经有经济学家开始研究货币现象，而主流

---

〔1〕 本章的部分内容取自一篇题为《坎蒂隆效应对于经济学理论的重要意义》(The Significance of the Cantillon Effect in Economic Theory)(在笔者博士论文的基础上改写)的文章。这篇文章曾用波兰语发表在《经济学》(*Ekonomia*)期刊上。*Wroclaw Economic Review*, vol. 22, no. 3, 2015, pp. 9—25。

经济学家普遍开始把商业周期与货币刺激联系起来，但他们仍把坎蒂隆效应看作货币供应量变化产生的一个比较微不足道的暂时效应，并且致力于寻找其他造成货币非中性的原因，如价格刚性（新凯恩斯学派）或者信息不完善（新古典学派）。在现有相关文献中，只有很少关于坎蒂隆效应的研究，但我们对首轮效应进行了既有广度又有深度的研究，从而填补了这个空白。

● 坎蒂隆效应在经济中起着非常重要的作用，它导致相对价格结构的变化和社会成员之间的收入再分配。由信贷扩张引发的货币通胀会触发商业周期，并在存在适当的心理和制度因素的情况下导致价格泡沫的形成。

● 新增货币据以流入经济的渠道具有极其重要的意义，因为通过市场渠道增加货币供应量与通过非市场渠道增加货币供应量会产生不同的坎蒂隆效应。不管一国经济货币供应量的增加是造成全球货币供应量增加，还是由其他经济体货币流入以及基本类别货币之间流动所致，都会产生不同的影响效应；而货币供应量是否通过信贷渠道增加，则关系最为重大。关于各种货币供应量增加渠道之间的最重要差别，请参阅本书第四章中的表 4.2。

● 商业银行和中央银行创造货币的不同方式并不影响商业周期发生的基本机制（其特点有包括人为降低利率、造成投资失误），但会造成商业周期出现不同的所谓次要特征，从而导致商业周期虽然有明显的相似之处，但又各不相同。许多因素会导致商业周期呈现不同的进程，其中一个原因当然是新增货币流入经济的渠道不一，而这个原因会导致坎蒂隆效应有不同的表现。例如，大量发放抵押贷款可能会导致房地产业繁荣和建筑业的相对发展、财富效应、雇员流动性下降、私人积欠更多的债务、银行流动性下降和金融稳定性下降。如果银行发放其他贷款或者购买证券，那么这些现象就不一定会出现（或者没那么严重）。分析各种信贷扩张情况之间的差别，就能对商业周期进行初步分类，从而丰富商业周期理论，并在未来——正如笔者所希望的那样——有可能为经济史学家提供有用的分析工具。

● 商业银行以外的机构同样也能创造货币和信贷，包括其他储蓄机构（如储蓄银行或信用合作社）、提供存款屏蔽工具（deposit-masking instruments）的机构（如货币市场基金）以及“影子银行”。通过“影子银行”系统来创造货币，在现代经济中似乎变得尤为重要。证券化使传统的商业银行能够增加贷款，而负债中介化则使得银行能够自己创造贷款。通过“影子银行”系统增加信贷供给，促成了坎蒂隆效应的另一种表现形式。

金融业是新增货币最先流入的行业之一。因此,货币供应量增加会刺激金融业增长,从而导致收入和财富从其他行业向金融业的再分配。货币供应量增加会导致收入从新增货币较晚获得者向新增货币较早获得者的再分配,因为后一个群体在价格还没有变化之前已经持有较多现金余额可以支配。由于新增货币在经济中不断扩散,价格也逐步上涨,新增货币较晚获得者要面对越来越高的价格。货币通胀还会导致从净债权人向净债务人,以及从持有资产较少但价格因通货膨胀而上涨并且要在价格变得更贵的消费品上花费更多的人向持有资产较多且不受通货膨胀影响并在价格变得更贵的消费品上花费较少的人的收入再分配。事实证明,在货币通胀时期,穷人的境况比富人更糟。原因在于,穷人无法获得新创货币,而且相对价格结构变化对他们来说又相对不利(譬如说,他们拥有资产较少,但资产价格在通货膨胀时期上涨)。因此,坎蒂隆效应有可能导致收入和财富不平等加剧。

● 首轮效应也会出现在国际范围内,特别是在全球主要经济体,即储备货币发行国(如美国)增加货币供应量的情况下。在当今货币体系中,一国货币供应量的增加会通过贸易渠道、利率渠道、风险渠道、信贷渠道和汇率渠道来影响其他国家。

在本书中,笔者分析了各种类型的货币非中性,并且认为让货币保持中性的必要条件不可能满足。笔者还证明首轮效应与货币非中性和货币通胀之间的关系,并且表示,主要是由于坎蒂隆效应,货币即使在长期内也是非中性。笔者还指出,由于首轮效应的作用,因此通货膨胀的分配效应无论如何都会发挥作用。

笔者还认为首轮效应是奥地利学派货币和商业周期理论的基础,并且通过以下方式极大地丰富了奥地利学派的成就:

➤ 按照增加经济中货币供应量的途径,对坎蒂隆效应进行了系统的分类;

➤ 通过对信贷扩张过程进行更加细致的分类分析,笔者得以解释所谓的商业周期次要特征的区别,并根据信贷扩张的主要渠道对商业周期进行了初步分类;

➤ 笔者证明了除传统商业银行以外的其他实体(尤其是“影子银行”系统的实体)也能创造货币和信贷,从而影响商业周期和坎蒂隆效应的具体体现,并且通过阐述现代商业银行业发生的变化丰富了奥地利学派的商业周期理论;

➤ 通过分析首轮效应的国际维度,笔者得以拓宽奥地利学派商业周期理论的应用范围,而奥地利学派传统版本的商业周期理论假设存在孤立于当代货币体系的经济体。

笔者通过分析得出了以下三个基本结论:

(1)坎蒂隆效应是造成货币非中性的原因之一;

(2)不同的货币通胀渠道会导致坎蒂隆效应有不同的表现,从而以非均匀的方式影响实体经济现象,包括商业周期的进程;

(3)由信贷扩张产生的坎蒂隆效应会导致商业周期的出现、价格泡沫的形成、金融部门的增长以及收入和财富不平等问题的加剧。

以上三点不足以概括能从本书中得出的全部经济学理论结论。本书清楚地表明,首轮效应是一种极其重要的经济现象,但对这种经济现象的分析却极大地推进了经济学理论——无论是主流经济学家提出的理论,还是奥地利学派的追随者提出的理论——的发展。奥地利学派的追随者虽然考虑到了坎蒂隆效应,但肯定能受益于对这种现象更加准确、系统的分析。按照坎蒂隆的思路开展货币供应量增长效应的研究,是一种可以发展经济学许多学科并更好地理解许多经济过程的重要分析框架。首轮效应研究显著深化了经济学理论,主要是深化了货币和通货膨胀理论、商业周期和价格泡沫理论、银行和中央银行理论、收入分配理论、收入和财富不平等理论以及公共选择理论。

笔者对坎蒂隆效应的分析,也可以说是在有关通货膨胀性质和货币因素在经济中扮演的角色的辩论中发出的一种重要声音,揭示了货币数量理论(最简单的机械观)所存在的不足,并且证明货币即使在长期内也非中性。因此,首轮效应研究削弱了价格水平与货币供应量同比例变化这种观点的权威性,并且表明货币供应量增加即使在总体价格水平保持稳定的情况下也会影响价格和生产,因此,这会对货币政策产生巨大的影响。坎蒂隆效应研究表明,货币供应量增加对价格的影响取决于货币供应量增加的特点。因此,不但货币供应的数量增加,而且增加途径都对经济非常重要。

由于首轮效应观认为,货币供应量增加不会导致价格均匀变化,而是会导致相对价格结构发生重大变化,并导致生产结构调整,因此这种观点也丰富了商业周期理论和价格泡沫理论——这两种理论的创建是以下事实的最好证据:经济中各种商品和服务的价格并不像弗里德曼的直升机模型中所假设的那样均匀上涨,而是像坎蒂隆所描述的那样不均匀上涨。商业周期分类以及货币供应量增加不会导致所有价格一致变化,但有可能导致资产市场出现泡沫的观察结果,也许有助于投资决策。

坎蒂隆效应揭示了货币通胀的再分配性质。首轮效应分析表明,货币供应量的增加会导致收入和财富再分配,因此可能会进一步加剧这方面的不平等。因此,自 20 世纪 70 年代以来在经合组织国家观察到的收入和财富不平等加剧的现象,有可能部分是由货币通胀造成的。这是一个重要的启示,有助于我们加深对货币政策和商业周期的影响、通货膨胀理论、收入分配理论和收入与财富不平等理论的理解。正如我们已经看到的那样,首轮效应不但会造成纯粹经济的后果,还会造成社会后果。

按照坎蒂隆的分析思路,对新货币和信贷的创造进行更详细的分类研究,也有利于拓展银行和中央银行理论,证明不但货币供应量的增加,而且货币供应量的增加途径都对经济非常重要。对商业银行和中央银行资产负债业务结构的变化进行更加详细的分析,可以增进我们对所谓的商业周期次要特征的理解,并有助于根据主要的信贷扩张渠道,对商业周期进行系统的分类。

坎蒂隆效应研究也有助于推进经济增长理论的发展,因为坎蒂隆效应研究表明,增加货币数量对经济增长的影响取决于新增货币首先流向哪个部门或者群体以及它们是被配置于消费还是储蓄。

此外,首轮效应分析对投资支出理论做出了重要的贡献,因为这种分析表明,对于商业周期进程和坎蒂隆效应的具体表现来说,不但投资数量很重要,而且投资结构和投资数量的变化也很重要。例如,机械和软件投资对经济增长和经济现象的影响力不同于房屋和建筑投资的影响力。这说明,借款人如何使用先由商业银行(或其他金融机构)创造,然后贷给他们的货币(资金),对于经济而言是一个重要因素。

此外,首轮效应可用来加强对经济系统的比较分析,因为它可以使我们注意到,在以银行为融资基础的系统里和以资本市场为融资基础的系统里增加货币供应量(或货币传导机制)的差别。

坎蒂隆效应还可扩展应用于公共债务理论,并且揭示货币政策和财政政策之间极其重要的联系,而这方面往往被经济学家所忽视。按照坎蒂隆的思路对公共债务问题和货币供应量增长的分析表明,与李嘉图等价不同,政府通过举债或者增税为其开支筹集资金至关重要。发行公债在目前的货币制度下具有通胀性,即会导致货币供应量增加并造成各种相关的经济后果。发行公债显然有利于政府部门,而增税只不过是把购买力从纳税人转移到政府。因此,坎蒂隆效应使得政府部门通过发行公债获得的收益超过了铸币税。事实上,政府是新增货币首批获得者之一,能够按不变(尚未完全调整)的价格购买商品和服务,因此,在分析通货膨胀税时只关注一般价格水平的做法并没有考虑坎蒂隆效应导致的从私营部门向政府部门的收入再分配。

由上可见,首轮效应研究也可用来拓展公共选择理论,有助于理解货币政策的许多方面,包括——尽管各种负面影响都与增加货币供应量有关——政府部门对增加货币供应量的支持。首先,应该指出,货币政策是建立在分配效应基础上的,因为中性的货币政策无论是在经济上还是在政治上都没有多大意义。此外,货币通胀由于具有坎蒂隆效应,可能被视为一种比税收更有吸引力的政府创收方式。究其原因,货币政策是一种更具歧视性的政策。多亏了这种更具歧视性的政策,部分实体最初可以在不对其他实体产生直接的消极影响的情况下获得支持。由于货币通胀,因此,政府可以在不需要从其他个体那里拿钱,也不必降低他们名义收入的情况下把钱转移给特定的个体,并增加他们的名义收入。此外,从政治的角度看,货币通胀可能比较容易实施,因为它不需要通过任何新的立法。货币通胀还能营造一种普遍繁荣的印象,从而推迟社会甚至没有正确认识到的负面效应产生影响。与税收相比,货币通胀还能降低利率,从而降低偿债成本。

本书不但拓展了经济学理论,而且可用来扩展经济思想史和经济政策史研究。就拓展经济学理论而言,笔者已经指出,主流经济学家没有充分探讨与坎蒂隆效应有关的问题,而是专注于造成货币非中性的其他原因,如价格刚性(新凯恩斯学派)或信息不完善(新古典学派)。笔者还得出了以下结论:休谟解释的首轮效应不同于坎蒂隆原始版本的首轮效应,而凯尔恩斯的相关研究似乎干脆被遗忘了。

在给作为经济政策的货币通胀下结论时,本书指出了(通过非市场渠道,尤其是通过信贷扩张实施的)货币通胀的许多负面效应,如引发商业周期、导致资产价格背离其基本价值、(增加货币供应量和信贷)造成国际影响、导致收入再分配(加剧收入和财富不平等的问题)。中央银行和金融系统监管机构没有考虑坎蒂隆效应，从而导致货币政策过于宽松，信贷过度扩张。

那种普遍认为增加货币供应量有利无弊的观点，似乎就是“破窗谬论”（broken window fallacy）的又一变体（Bastiat，2007［1850］）。我们可以比较容易地确定新增货币首批获得者的收益，具体表现形式就是支出增加或者他们出售的商品和服务价格上涨。但是，我们较难注意到，由于坎蒂隆效应的作用，货币通胀会对新增货币晚获得者造成损失，更不可能观察到那些收入没有以他们所购买的商品和服务的价格的增长方式增加的人的无法实现的需求。

因此，本研究的分析丰富了关于中央银行和商业银行实施货币和信贷政策，特别是宽松的货币政策和贷款过度膨胀的局限性的研究。

笔者呈现给读者的这本书并没有穷尽与书中所讨论主题相关的全部问题。究其原因，部分是受限于所考察问题的范围和重要性，部分是难以实证分析新增货币如何在经济中扩散的问题。笔者认为，最好是运用投入产出分析法，开展能显示新增货币在经济中确切分布的实证研究，特别有助于更好地理解坎蒂隆效应。我们还应该更加详细地研究企业家如何使用由信贷扩张提供的资金以及这会如何影响商业周期的进程。另一个前景看好的研究主题似乎是对商业银行和其他发起信贷扩张的实体发放的贷款（购买的资产）进行更加细致的分类研究，而这种研究有助于完善对由信贷扩张渠道引发的商业周期的分类，因此，有必要对过去已经发生的商业周期进行系统研究。

附录　理查德·坎蒂隆如何发财、创立经济学理论并神秘地去世

由于介绍理查德·坎蒂隆及其学术成就的文献为数甚少[1]，本附录旨在以简明扼要的方式介绍这位特殊人物一生中发生的重要事件和取得的主要成就。

生平简介

关于理查德·坎蒂隆的一生，我们无法说得太肯定。但是，我们所掌握的信息清楚地表明，他的故事确实非同寻常——当代电影人可以根据他的人生经历拍一部精彩的影片。

17 世纪 80 年代，坎蒂隆出生在一个爱尔兰贵族家庭，很可能就是出生在爱尔兰。他的长相仍然是个谜，虽然按照桑顿(Thornton，2013)的说法，尼古拉斯·德拉吉列尔(Nicolas de Largillierre)的画作《全家福》(*Family Portrait*)(见图 A.1)中呈现的正是理查德·坎蒂隆和他的家人。

不过，我们知道，在 18 世纪的第二个 10 年里，坎蒂隆来到法国，获得了法国

〔1〕 请参阅 Murphy(1986)、Hayek(1991)、Rothbard(2006[1995])、Thornton(1998)、Brown and Thornton(2016)。

图 A.1　尼古拉斯·德拉吉列尔的画作《全家福》;
据说画中三人分别是理查德·坎蒂隆及其妻子和女儿

公民的身份,并开始了他的银行家生涯。他必须在这个行业里赢得良好的声誉,因为约翰·劳(John Law)请他帮助自己进行金融实验,包括发行法定货币、为法国政府偿还公债和为密西西比公司(Mississippi Company)开展业务提供资金。

眼看着苏格兰的货币制度不可避免地走向崩溃,这位爱尔兰人及时撤出自己的投资,从而拯救了自己的财富,并且也使整个国家冷静地等待泡沫破裂。几年后,他以百万富翁的身份回到巴黎,但——靠不诚实的操作发财——"没有灵魂的银行家"这一不良形象在他的余生里一直陪伴着他。他甚至在法庭上受过审判,但没有任何证据能证明他有罪。事实上,坎蒂隆是靠借钱在适当的时候(做空)出售估价过高的密西西比公司股票而发财的。

不管怎样,负面舆论并没有阻止他(在 1722 年)娶玛丽·马奥尼(Mary Mahony)为妻。玛丽·马奥尼是丹尼尔·奥马奥尼伯爵(Count Daniel O'Mahony)的女儿。丹尼尔·奥马奥尼伯爵是一位爱尔兰高级军官,他的家族支持斯图亚特王朝。坎蒂隆和玛丽生了两个孩子:儿子早逝,女儿名叫亨丽埃塔(Henrietta)。在 18 世纪二三十年代,坎特隆和他的家人在欧洲各地旅行(他在不同的国家有几处房产),但他晚年主要居住在伦敦。

坎蒂隆死于1734年5月——死因不明——的一场大火。这场大火烧毁了他家的房屋,包括一些珍贵的文件。起初,人们以为坎蒂隆是点着蜡烛睡着了,不小心引起了火灾。但根据一个被广泛接受的版本的传闻,这位爱尔兰金融家兼经济学家是被他以前雇用的厨师约瑟夫·丹尼尔(Joseph Denier)谋杀而死的。他的前厨师破门抢劫,并纵火烧了房屋以掩盖自己的罪行。因此,坎蒂隆很可能是唯一一个在遭前仆人抢劫后被杀死的杰出经济学家。但还有另一种推测,说坎蒂隆伪造了自己的死亡现场——为了一劳永逸地摆脱法院追究和债务人的骚扰——并逃亡去了苏里南(Murphy,1986)。

《商业性质概论》的出版

与坎蒂隆的人生一样,他的代表作《商业性质概论》的出版也带有神秘的色彩。这本书可能完成于1730年左右,但直到1755年才出版,也就是在作者去世20多年后才出版(Thornton and Saucier,2010)。目前并不清楚坎蒂隆将这本书拖了这么长时间才出版的原因。另一个有争议的问题是,坎特隆是用哪种语言写这本书的?这本书是用法语印刷出版的,可能是从英语版本翻译过来的(从原版的扉页看,应该是这样的,如图A.2所示)。迄今尚不清楚这本书是不是他唯一的作品。毕竟,一场大火烧毁了他放在伦敦住所的全部著述,可能还包括这本书的著名附录——里面包含作者在他的著作中反复提到的数据,而在这本著作公开出版的版本中却没有这些数据。可以肯定的是,这本书是理查德·坎蒂隆唯一为人所知的著作。

这本书曾以手稿的形式在法国和英国社会的精英中传阅。在很长一段时间里,这本书落到米拉波(Mirabeau)的手中,休谟好像也知道这本书。我们也知道,这位爱尔兰人的这部著作最初对其他经济学家产生了重大影响,主要是重农学派和法国自由学派经济学家,包括孔狄亚克(Condillac)和杜尔哥(Turgot)。坎蒂隆也是为数不多的著作被亚当·斯密引用的作者之一。

不幸的是,坎蒂隆的《商业性质概论》后来被那个苏格兰人[1]的其他古典

〔1〕 这里指亚当·斯密。——译者注

ESSAI

SUR LA NATURE

DU

COMMERCE

EN GÉNÉRAL.

TRADUIT DE L'ANGLOIS.

A LONDRES,

Chez FLETCHER GYLES,
dans Holborn

M. DCC. LV.

图 A.2 《商业性质概论》原版扉页

经济学成就所掩盖。杰文斯(Jevons)在 19 世纪末重新发现了坎蒂隆的这部著作,并且认为这是第一部系统论述经济问题的经济学专著(而不仅仅是论文集或小册子)。坎蒂隆还被熊彼特、哈耶克和罗斯巴德视为真正的“经济学之父”(Hayek,1991;Thornton,1998)。事实上,这位爱尔兰人的这部著作几乎涵盖了当时经济学理论的全部组成部分——它由三个部分组成。根据哈耶克的观点,这三个组成部分可以归纳为:财富和生产、交易以及国际贸易。

作为经济学家的理查德·坎蒂隆

坎蒂隆为经济学理论做出了重大的贡献,但多年来,他的贡献一直被低估。而且,不幸的是,许多经济学家仍然没有意识到这一点。那么,这位爱尔兰人到底取得了哪些经济学成就呢?

第一,坎蒂隆把经济学从伦理、宗教和政治中解放出来,第一次用科学的方法和系统的观点来分析经济问题。《商业性质概论》的作者不同于他之前论述经济主题的作者,他不做价值判断,也不做伦理、宗教或政治考量。他只对实证经济分析感兴趣,并且客观描述经济中的自然因果关系[1]。例如,坎蒂隆并没有评判“人口多但贫困”和“人口少但富有”孰好孰坏。

值得注意的是坎蒂隆娴熟的方法论技巧,他运用演绎推理、抽象方法、渐进近似值法和思维实验法,而且广泛使用“其他条件不变”的从句。这位爱尔兰经济学家采用方法论的个体论,并且强调把个体作为经济过程分析的核心。

第二,坎蒂隆是进行市场价格现代分析的第一人,详细阐明了(主观的)需求与供给如何相互作用创造价格。坎蒂隆虽然在书中写道商品具有“内在价值”(他把“内在价值”理解为衡量投入商品生产的土地和劳动力数量的尺度),但仍坚持认为,是消费者的主观价值评定决定价格。关于坎蒂隆在多大程度上是价值主观论的先驱,又在多大程度上是奉行价值客观论,一直存在争议。然而,他主要感兴趣的是现实世界中的价格创造过程,即当前的市场价格,而不是长期的“正常”价格水平。此外,即使我们承认他支持生产成本价值论,但他心目中的价值取决于土地和劳动力,而重农学派和古典学派经济学家则采用更加简单的专注于个体生产要素的理论。坎蒂隆也非常重视价格机制的重要性,并且认识到相对价格变化对企业家来说是重要的信号。在此基础上,这位爱尔兰经济学家认为,市场经济的一切要素创造了一种自我调节、自我平衡的自然机制。换句话说,他把市场体系看作一个相互联系的体系,并且看到了自利、私有制和自由市场在经济活动中的作用。事实上,他创立了一个土地所有者决定一切的、自给自

---

〔1〕 这也是他的这本书的书名由来。这本书书名中的“性质”使用了英语 nature——nature 一词的第一释义就是“自然”。——译者注

足的农业模式。然后，他假设土地所有者把土地租给农民，从而为价格和货币经济的发展奠定了基础。值得关注的是，在坎蒂隆看来，自由市场通过一种引导经济趋向均衡的价格机制（盈亏机制），能带来与土地所有者直接管理（并做出所有决策）相同（甚至更好）的结果。因此，他的这些考量先于斯密的“看不见的手”的观点，即个体的自利行为会产生有益于整个社会的和谐结果。

第三，坎蒂隆不但创造了“企业家”的概念，而且是注意到创业在市场过程中发挥关键作用的第一人。他先于把创业现象与风险和不确定性联系在一起的创业理论问世而提出了自己的观点。在坎蒂隆看来，在不确定的条件下采取行动是企业家最重要的特质（职能）。根据这种观点，重要的不是企业家有没有资本，而是他们是否敢面对不确定的收入。因此，坎蒂隆（不同于斯密）明确把资本家与企业家区分开来。

坎蒂隆写道，企业家是风险承担者，是某种愿意接受不确定利润的人。因此，他把个人分为领取固定工资、受雇于人的雇员和收入不确定的企业家。重要的是，这是一种职能上的分工，与人格特质（如熊彼特在他著作所说的那样）或社会阶层无关。因此，坎蒂隆认为，企业家包括农民——因为他们向土地所有者支付固定的租金，而他们的潜在利润是不确定的，甚至包括强盗或者乞丐。

在坎蒂隆看来，企业家的活动会导致市场趋向均衡。他们在商品便宜的地方买进，然后到商品贵的地方卖出，这样就形成了市场上的单一价格（包括运输成本），而他们自己赚取利润。因此，他们扮演了“仲裁者”（arbiter）的角色。坎蒂隆也适当描述了竞争过程，并且认为竞争过程必然会导致均衡。如果城里有太多的制帽商（相对于对帽子的需求量而言），那么有些（拥有最少客户的）制帽商必定会破产。但是，如果这种商店太少，那么其他企业家就会在利润的诱惑下开自己的帽子店。

第四，或许也是最重要的一点，坎蒂隆对货币通胀的影响进行了开创性的分析。按照许多经济思想史学家的说法，坎蒂隆的货币理论实质上是他取得的最伟大的成就，而且一直没有被许多后来的经济学家（甚至他同时代的经济学家）超越（甚或赶上）。坎蒂隆反对简单的机械论的货币数量理论。他是追踪货币数量和价格之间实际因果关系的第一人，他阐明了货币供应量的增长实际上如何导致价格上涨。他强烈反对那种认为价格与货币供应量增加同比例上涨的观点，并且指出货币供应量增长对不同价格产生不同的影响，从而影响相对价格。

坎蒂隆还注意到,货币循序渐进且不均匀地流入经济,而增加货币供应量产生的影响效应取决于新增货币流入经济的渠道。马克·布劳格后来把货币供应量增加产生的分配和价格效应称为"坎蒂隆效应",以纪念这位爱尔兰经济学家。

第五,坎蒂隆为利率理论和商业周期理论奠定了基础。坎蒂隆根据自己对货币通胀效应的分析,拒绝接受货币供应量增加总会导致利率下降的观点,并且认为货币供应量变化对利率的影响取决于新增货币流入经济的渠道,或者更确切地说,取决于是借款人还是贷款人先获得新增货币。坎蒂隆注意到,通过信贷渠道增加货币供应量会导致利率下降。他先于奥地利学派提出了商业周期理论。

第六,坎蒂隆描述了价格—铸币流动机制(在休谟之前!),并且指出,货币供应量的增加会导致物价上涨和资金外流(进口增加)。重要的是,他还区分了相对价格(进口对出口)效应以及现金余额和进口增加效应。

第七,这位爱尔兰经济学家为空间经济学奠定了基础,他强调运输成本对某些企业或城市中心和市场选址的作用(市场通常在城市中心发展,因为这样能大大降低运输成本)。例如,易腐产品应该在距离城市较近的地方生产,而工厂则应该建在距离原材料较近的地方。坎蒂隆还发现了运输成本在地区价差方面所起的作用(大城市的商品价格往往高于商品产地附近的价格,两者的价差就是运输成本)。换句话说,他是分析经济活动与地理区位关系的先驱。

第八,坎蒂隆的人口分析无疑比马尔萨斯后来所做的研究更加细致、超前。坎蒂隆研究了人口增长因素,如文化、技术和自然资源。坎蒂隆并不像马尔萨斯那样持悲观的看法,并且指出,为了维持一定的生活水平,居民会适应技术和资源,换句话说,适应各种可能性(如移民或者推迟结婚)。有了生育的趋势,再加上无限的资源,虽说人口增长并不是必然,但仍有取决于经济条件的机会。

当然,以上评论并没有涵盖坎蒂隆对经济学理论的全部贡献。这位爱尔兰经济学家的其他重要成就包括为收入分配理论——坎蒂隆先于魁奈的经济表构建了经济循环流动模型——以及银行贷款、法定货币和部分准备金理论奠定了基础:坎蒂隆早就明白,建立在部分准备金制基础上的银行贷款有助于提高货币流通的速度和证券在交易所上市的价格。

参考文献

Abel A. B., Bernanke B. S., 2001, *Macroeconomics*, Boston, MA: Addison Wesley Longman.

Acemoglu D., 2000, "Technical Change, Inequality, and the Labor Market", *NBER Working Paper*, no. 7800, June.

Adalid R., Detken C., 2007, "Liquidity Shocks and Asset Price Boom/Bust Cycles", *European Central Bank Working Paper Series*, 732, February, 1–52.

Adam K., Tzamourani P., 2015, "Distributional Consequences of Asset Price Inflation in the Price Inflation in the Euro Area", *Deutsche Bank Discussion Paper*, 27, 1–17.

Adams R. H.Jr., 1991, "The Effects of International Remittances on Poverty, Inequality and Development in Rural Egypt", *International Food Policy Research Institute Research Report*, 96.

Alvarez F., Atkeson A., Kehoe P. J., 2000, "Money, Interest Rates, And Exchange Rates With Endogenously Segmentet Asset Markets", *NBER Working Paper Series*, Working Paper No. 7871.

Antolin P., Schich S., Yermo J., 2011, "The Economic Impact of Protracted Low Interest Rates on Pension Funds and Insurance Companies", *OECD Journal: Financial Market Trends*, 2011, 1, 1–20.

Anthonisen N., 2007, "Monetary Shocks in a Spatial Overlapping Generations Model", *2008 Meetings Papers*, Society for Economic Dynamics, 455, September.

Ardahaey F. T., 2011, "Economic Impacts of Tourism Industry", *International Journal of Business and Management*, 6, 8, 206–215.

Aschheim J., 1973, "Neutral Money Reconsidered", *Banca Nazionale del Lavoro Quarterly Review*, 105, 75–83.

Aschheim J., Hsieh C-Y., 1969, *Macroeconomics, Income and Monetary Theory*, Columbus, OH: Charles E. Merrill.

Avdjiev S., McCauley R., McGuire P., 2012, "Rapid Credit Growth and International Credit: Challenges for Asia", *BIS Working Papers*, 377, April, 1–22.

Baeriswyl R., Cornand C., 2015, "The Distortionary Effect of Monetary Policy: Credit Expansion Vs. Lump-Sum Transfers in the Lab", *GATE Working Paper*, 1516.

Bagus P., 2007, "Asset Prices – An Austrian Perpective", *Procesos de Mercado: RevistaEuropea de EconomíaPolítica*, 4, 2, 57–93.

Bagus P., 2010, *The Tragedy of the Euro*, Auburn, AL: Ludwig von Mises Institute.

Baker D., 2008, "The Housing Bubble and the Financial Crisis", *Real-World Economics Review*, 46, 73–81, Center for Economic and Policy Research.

Balac Z., 2008, "Monetary Inflation's Effect on Wealth Inequality: An Austrian Analysis", *Quarterly Journal of Austrian Economics*, 11, 1, 1–17.

Bank of England, 2012, "The Distributional Effects of Asset Purchases", *Quarterly Bulletin*, 52, 3, 254–266.

Barro R., 1976, "Rational Expectations and the Role of Monetary Policy", *Journal of Monetary Economics*, 2, 1–32.

Barro R., 1977, "Long-Term Contracting, Sticky Prices, And Monetary Policy", *Journal of Monetary Economics*, 3, 305–316.

Bastiat F., 2007, [1850] "That Which Is Seen, and That Which Is Not Seen", in *The Bastiat Collection*, 2nd ed., Auburn, AL: Ludwig von Mises Institute, pp. 1–48.

Bauer P., Yamey B., 1983, "Foreign Aid: What Is at stake", in W. Scott Thompson (ed.), *The Third World*, San Francisco: Institute for Contemporary Studies.

Beck T., Büyükkarabacak B., Rioja F. K., Valev N. T., 2012, "Who Gets Credit? And Does it Matter? Household vs. Firm Lending Across Countries", *The B.E. Journal of Macroeconomics*, 12, 1, 1–44.

Becker J. G., 1934. "Banks and Real Estate Loans", in H. P. Willis, J. M. Chapman (eds.), *The Banking Situation: America Post-War Problems and Developments*, Morningside Heights, NY: Columbia University Press, pp. 585–609

Becker C., 2013, "Africa: The Next Major Boom-Bust Cycle?", 22.08.2013 https://mises.org/daily/6511/Africa-The-Next-Major-BoomBust-Cycle (accessed 18.07.2014).

Beenstock M., Fisher J., 1997, "The Macroeconomic Effects of Immigration: Israel in the 1990s", *Weltwirtschaftliches Archiv*, 133, 2, 330–358.

Belke A., Orth W., Setzer R., 2008, "Liquidity and the Dynamic Pattern of Price Adjustment: A Global View", *Discussion Paper Series 1: Economic Studies*, Deutsche Bundesbank, 25/2008, 1–26.

Benedyk M., 2012, "Austriacka teoria cyklu koniunkturalnego a teorie głownego nurtu", http://mises.pl/blog/2012/02/18/benedyk-austriacka-teoria-cyklu-koniunkturalnego-a-teorie-glownego-nurtu/ (accessed 25.02.2013).

Berends K., McMenamin R., Plestis T., Roses R. J., 2013, "The Sensitivity of Life Insurance Firms to Interest Rate Changes", *Federal Reserve Bank of Chicago Economic Perspectives*, 2Q/2013, 47–78.

Bernanke B. S., 2002, "Deflation: Making Sure "It" Doesn't Happen Here", speech before the National Economists Club, Washington, DC, 21.11.2002, www.federalreserve.gov/boarddocs/Speeches/2002/20021121/default.htm (accessed 07.01.2016).

Bernanke B. S., 2007, "The Level and Distribution of Economic Well-Being", speech before the Greater Omaha Chamber of Commerce, Omaha, Nebraska, 06.02.2015.

Bernholz P., 2003, *Monetary Regimes and Inflation. History, Economic and Political Relationships*, Cheltenham, UK: Edward Elgar.

Bilo S., 2013, "Back to Cantillon: On the Relevance of the Monetary Economics of Richard Cantillona", PhD dissertation, George Mason University, Fairfax VA.

Bilo S., 2015, "How Cantillon and Hume Propose the Same Theory of First-Round Effects", *CHOPE Working Paper*, 2015–2002, May.

Bilo S., 2018, "The International Business Cycle as a Coordination Failure", *Review of Austrian Economics*, 31, 27. doi:10.1007/s11138-016-0366-8

BIS, 2015, *85th Annual Report*, Basel: BIS.

Blake A., 2008, "Tourism and Income Distribution in East Africa", *International Journal of Tourism Research*, 10, 511–524.

Blaug M., 1985, *Economic Theory in Retrospect*, 4th edn, Cambridge: Cambridge University Press.

Block W., Barnett W., Salerno J., 2006, "The Relationship between Wealth or Income and Time Preference Is Empirical, Not Apodictic: A Critique of Rothbard and Hoppe", *Review of Austrian Economics*, 19, 69–80.
Board of Governors of the Federal Reserve System, 2015, *Assets and Liabilities of Commercial Banks in the United States (Weekly) – H.8, March 27, 2015*, www.federalreserve.gov/releases/H8/current/ (accessed 03.04.2015).
Bolton A. H., 1963, *Introduction to Bank Credit Analysis*, Tremblay, Bermuda: Bolton.
Bond M. E., Landman J. R., 1972, "Tourism: A Strategy for Development", *Nebraska Journal of Economics and Business*, 11, 1, 37–52.
Boone P., 1995, "Politics and the Effectiveness of Foreign Aid", *Centre for Economic Performance Discussion Paper*, 272, 1–65.
Bordo M. D., 1986, "Money, Deflation and Seigniorage in the Fifteenth Century. A Review Essay", *Journal of Monetary Economics*, 18, 3, 337–346.
Bordo M. D., 1993, "The Bretton Woods International Monetary System: A Historical Overview", in M. D. Bordo, B. Eichengreen (eds.) *A Retrospective on the Bretton Woods System: Lessons for International Monetary Reform*, Chicago: University of Chicago Press.
Bordo M. D., Helbling T. F., 2010, "International Business Cycle Synchronization in Historical Perspective", *NBER Working Paper Series*, 16103, June.
Bordo M. D., Landon-Lane J., 2013, "Does Expansionary Monetary Policy Cause Asset Price Booms; Some Historical and Empirical Evidence", *NBER Working Paper Series*, 19585.
Borio C., 2012, "The Financial Cycles and Macroeconomics: What Have We Learn?", *BIS Working Papers*, 395, 1–32.
Borio C., Disyatat P., 2011, "Global Imbalances and the Financial Crisis: Link or No Link?", *BIS Working Paper*, 346, May, 1–37.
Borio C., Filardo A., 2007, "Globalisation and Inflation: New Cross-Country Evidence on the Global Determinants of Domestic Inflation", *BIS Working Papers*, 227, 1–48.
Borio C., James H., Shin H. S., 2014, "The International Monetary and Financial System: A Capital Account Historical Perspective", *BIS Working Papers*, 457, August, 1–26.
Borio C., Kennedy N., Prowse S. D., 1994, "Exploring Aggregate Asset Price Fluctuations Across Countries. Measurement, Determinants and Monetary Policy Implications", *BIS Economic Papers*, 40, April, 1–104.
Borio C., Lowe P., 2002, "Asset Prices, Financial and Monetary Stability: Exploring the Nexus", *BIS Working Papers*, 114, 1–35.
Bowdler Ch., Radia A., 2012, "Unconventional Monetary Policy: The Assessment", *Oxford Review of Economic Policy*, 28, 4, 603–621.
Bresciani-Turroni C., 2007, *The Economics of Inflation: A Study of Currency Depreciation in Post-War Germany*, Auburn, AL: Mises Institute.
Brown Ch., Thornton M., 2016, "Jak teoria przedsiębiorczości stworzyła ekonomię", trans. J. Tarasiuk, http://mises.pl/wp-content/uploads/2016/04/Brown-Thornton_Jak-teoria-przedsi%C4%99biorczo%C5%9Bci-stworzy%C5%82a-ekonomi%C4%99.pdf (accessed 30.05.2017).
Brunner K., Meltzer A. H., 1988, "Money and Credit in the Monetary Transmission Process", *The American Economic Review*, 78, 2, 446–451.
Brunnermeier M., Sannikov Y., 2012, "Redistributive Monetary Policy", *Proceedings – Economic Policy Symposium – Jackson Hole*, Federal Reserve Bank of Kansas City, 331–384.
Bruno V., Shin H. S., 2014, "Cross-border Banking and Global Liquidity", *BIS Working Papers*, 458, August, 1–45.

Brzoza-Brzezina M., Kłos B., Kot A., Łyziak T., 2002, *Hipoteza neutralności pieniądza, „Materiały i Studia"*, Warszawa: NBP.

Buchanan J. M., Wagner R. E., 1967, *Public Debt in a Democratic Society*, Washington, D. C.: American Enterprise Institute for Public Policy Research.

Buchsbaum B. D., 2004, "Ecotourism and Sustainable Development in Costa Rica", Major Paper Submitted to Virginia Polytechnic Institute and State University, Master of Public and International Affairs College of Architecture and Urban Studies.

Buhr, C-C, 1999, "The French War Reparations and the German Post-War Boom 1871–1873", *FernUniversität in Hagen Working Paper Series*. doi:10.2139/ssrn.1761953

Burtless G., 1999, "Effects of Growing Wage Disparities and Changing Family Composition on the U.S. Income Distribution", *Center on Social and Economic Dynamics Working Paper*, 4, July.

Butler A., 1990, "A Methodological Approach to Chaos: Are Economists Missing the Point?", *Federal Reserve Bank of St. Louis Review*, 72, 2, 36–48.

Butos W., 1986, "Hayek and General Equilibrium Analysis", *Southern Economic Journal*, 52, 2, 332–343.

Cachanosky N., 2012, "The Mises-Hayek Business Cycle Theory, Fiat Currencies and Open Economies", Working Paper, Department of Economics, Suffolk University.

Cagan P., 1969, "The Non-Neutrality of Money In the Long Run: A Discussion of the Critical Assumptions and Some Evidence", *Journal of Money, Credit and Banking*, 1, 2, 207–227.

Cagetti M., De Nardi M., 2003, "Entrepreneurship, Frictions and Wealth", *Journal of Political Economy*, 114, 5, 835–870.

Cairnes J. E., 1873, *Essays in Political Economy Theoretical and Applied*, London: Macmillan and Co.

Cairnes J. E., 1878, *Some Leading Principles of Political Economy Newly Expounded*, New York: Harper & Brothers Publishers.

Callahan G., Garrison R., 2003, "Does Austrian Business Cycle Theory Help Explain The Dot-Com Boom and Bust", *The Quarterly Journal of Austrian Economics*, 6, 2, Summer, 67–98.

Canova F., Ciccarelli M., Ortega E., 2004, "Similarities and Convergence in G-7 Cycles", *European Central Bank Working Paper Series*, 312, February, 1–46.

Cantillon R., 1959, [1755] *Essay on the Nature of Trade in General*, London: Frank Cass and Co.

Caplin A. S., Spulber D. F., 1987, "Menu Costs and the Neutrality of Money, *The Quarterly Journal of Economics*", 102, 4, 703–726.

Carroll Ch. D., Otsuka M., Slacalek J., 2006, "How Large is the Housing Wealth Effect? A New Approach", *NBER Working Paper Series*, 12746.

Carpenter S. B., Demiralp S., 2010, "Money, Reserves, and the Transmission of Monetary Policy: Does the Money Multiplier Exists?", *The Federal Reserve Board Finance and Economics Discussion Series*, 2010–2041.

Castaldo A., Reilly B., 2007, "Do Migrant Remittances Affect the Consumption Patterns of Albanian Households?", *South-Eastern Europe Journal of Economics*, 5, 1, 25–54.

Cecchetti S. G., Genburg H., Lipski J., Wadhwani S., 2000, *Asset Prices and Central Bank Policy*, Geneva Reports on the World Economy, London: International Center for Monetary and Banking Studies and Centre for Economic Policy Research.

Cetorelli N., Goldberg L. S., 2009, "Globalized Banks: Lending to Emerging Markets in the Crisis", *Federal Reserve Bank of New York Staff Report*, 377, June, 1–18.

Cheng W., Angus S. D., 2012, "The Cantillon Effect of Money Injection through Deficit Spend-ing", *Monash University Department of Economics Discussion Paper*, 12/12.

Ciccarelli M., Mojon B., 2005, "Global Inflation", *ECB Working Paper Series*, 536, October, 1–51.
Claessens, S., Pozsar, Z., Ratnovsk, L., Singh M., 2012, "Shadow Banking: Economics and Policy", *IMF Staff Discussion Note*, no. SDN/12/12.
Claeys G., Darvas Z., Leandro Á., Walsh T., 2015, "The Effects of Ultra-Loose Monetary Policies on Inequality", *Policy Contribution*, Bruegel, no. 9, June.
Cochran J. P., 2010, "Capital in Disequilibrium: Understanding the 'Great Recession' and the Potential for Recovery", *The Quarterly Journal of Austrian Economics*, 13, 3, Autumn, 42–63.
Cœuré B. 2012, "What Can Monetary Policy Do About Inequality", speech at the International Day for the Eradication of Poverty, Intergroup "Extreme Poverty and Human Rights, Fourth World Committee", Brussels, 17 October.
Coibion, O., Gorodnichenko, Y., Kueng, L., Silvia J., 2012, "Innocent Bystanders? Monetary Policy and Inequality in the U.S.", *IMF Working Paper*, WP/12/199, August.
Cottrel A., 1994, "Post Keynesian Monetary Economics: A Critical Survey", *Cambridge Journal of Economics*, 18, 6, 587–605.
Cowen T., Kroszner R., 1987, "The Development of the New Monetary Economics", *Journal of Political Economy*, 95, 3, 567–590.
Daley S., Wagner R., 2004, "Money and the Real Economy: A Computational Search for Cantillon Effects", *Mercatus Center at George Mason University Working Paper*, 46.
Davenport H. J., 1913, *The Economics of Enterprise*, New York: The Macmillan Company.
Davidson L., 2012, "Against Monetary Disequilibrium Theory and Fractional Reserve Free Banking", *The Quarterly Journal of Austrian Economics*, 15, 2, 195–220.
Detken C., Smets F., 2004, "Asset Price Booms and Monetary Policy", *ECB Working Paper Series*, 364, May, 1–63.
Devereux M. B., Smith G. W., 2005, "Transfer Problem Dynamics: Macroeconomics of the Franco-Prussian War Indemnity", *Journal of Monetary Economics*, 54, 8, 2375–2398.
Disyatat P., 2008, "Monetary Policy Implementation: Misconceptions and Their Consequences", *BIS Working Paper*, 269.
Dobbs R., Lund S., Koller S., Shwayder A., 2013, "QE and Ultra-low Interest Rates: Distributional Effects And Risks", *The McKinsey Global Institute Discussion Paper*, November.
Doepke M., Schneider M., 2005, "Real Effects of Inflation Through the Redistribution of Nominal Wealth", *Federal Reserve Bank of Minneapolis Research Department Staff Report*, 355, February.
Dorobăţ C. E., 2015, "Cantillon Effects in International Trade. The Consequences of Fiat Money for Trade, Finance and the International Distribution of Wealth", rPhD dissertation, 18.06.2015, Université d'Angers.
Easterly W., Fischer, S., 2001, "Inflation and the Poor", *Journal of Money, Credit and Banking*, 33, 2, Part 1, 160–178.
Eichengreen B., 1989, "The U.S. Capital Market and Foreign Lending, 1920–1955", in J. D. Sachs (ed.) *Developing Country Debt and Economic Performance, Volume 1: The International Financial System*, Chicago: University of Chicago Press.
Eichner M. J., Kohn D. L., Palumbo M. G., 2010, "Financial Statistics for the United States and the Crisis: What Did They Get Right, What Did They Miss, and How Should They Change?", *The Federal Reserve Board Finance and Economics Discussion Series*, April.

Engelhardt L. M., 2004, "Business Cycles in an International Context", *Ludwig von Mises Institute Working Paper*, 7.07.2004.

Erosa A., Ventura G., 2002, "On Inflation as a Regressive Tax", *Journal of Monetary Economics*, 49, 4, 761–795.

Estey J. A., 1950, *Business Cycles*, 2nd edn, New York: Prentice-Hall.

Fabozzi, F. J., 2000, *Bond Markets, Analysis and Strategies*, 4th edn, New York: Prentice Hall.

Federal Reserve Bank of Chicago, 1994, *Modern Money Mechanics: A Workbook on Bank Reserves and Deposit Expansion*, Chicago: Federal Reserve Bank of Chicago.

Federal Reserve Bank of St. Louis, 2015a, *St. Louis Adjusted Monetary Base*, 15.08.2015, http://research.stlouisfed.org/fred2/series/AMBSL# (accessed 27.08.2015).

Federal Reserve Bank of St. Louis, 2015b, Income Gini Ratio for Households by Race of Householders, All Races, 21.10.2015, https://research.stlouisfed.org/fred2/series/GINIALLRH (accessed 05.05.2016).

Fengyun L., 2013, "The Dynamic Effects of Money Supply on Real Estate Prices in the Japanese Pre-bubble and Bubble Period: Compared with Recent China", *The Ritumeikan Economic Review*, 62, 4, 350–370.

Ferreira F., Gyourko J., Tracy J., 2012, "Housing Busts and Household Mobility: An Update", *Economic Policy Review*, Federal Reserve Bank of New York, November, 1–15.

Fillieule R., 2007, "A Formal Model in Hayekian Macroeconomics: The Proportional Goods-in-Process Structure of Production," *Quarterly Journal of Austrian Economics*, 10, 3, 193–208.

Fischer S., 1977, "Long Term Contracts, Rational Expectations, and the Optimal Money Supply Rule", *The Journal of Political Economy*, 85, 1, 191–205.

Fischer S., 1981, "Relative Shocks, Relative Price Variability, and Inflation", *Brookings Papers on Economic Activity*, 2, 381–441.

Fischer, S., Modigliani, F., 1978, "Towards an Understanding of the Real Effects and Costs of Inflation", *NBER Working Paper Series*, 303.

Fisher I., 1907, *The Rate of Interest. Its Nature, Determination and Relation to Economic Phenomena*, New York: Macmillan.

Fisher I., 1922, *The Purchasing Power of Money, its Determination and Relation to Credit, Interest and Crises*, New York: Macmillan.

Fisher I., 1933, "The Debt-Deflation Theory of Great Depressions", *Econometrica*, 1, 4, 337–357.

Fleming M. J., Klagge N. J., 2010, "The Federal Reserve's Foreign Exchange Swap Lines", *Current Issues in Economics and Finance*, Federal Reserve Bank of New York, 16, 4, April, 1–7.

Frankel J., 2006, "The Effect of Monetary Policy on Real Commodity Prices", in J. Campbell (ed.), *Asset Prices and Monetary Policy*, Chicago: University of Chicago Press.

Frankel J., 2008, "Getting Carried Away: How the Carry Trade and Its Potential Unwinding Can Explain Movements in International Financial Markets", *Milken Institute Review*, 10, January, 38–45.

Fraser H. F., 1933, *Great Britain and the Gold Standard*, London: Macmillan & Company.

Friedman M., 1958, "Foreign Economic Aid: Means and Objectives", *The Yale Review*, 47, 4, 500–516.

Friedman M., 1969a, "The Optimum Quantity of Money", in *The Optimum Quantity of Money*, Chicago: Aldine Publishing Company.

Friedman M., 1969b, "The Quantity Theory of Money: A Restatement", in *The Optimum Quantity of Money*, Chicago: Aldine Publishing Company.

Friedman M., 1969c, "Post-War Trends in Monetary Theory and Policy", in *The Optimum Quantity of Money*, Chicago: Aldine Publishing Company.
Friedman M., 1969d, "The Role of Monetary Policy", in *The Optimum Quantity of Money*, Chicago: Aldine Publishing Company.
Friedman M., 1969e, "The Demand for Money", in *The Optimum Quantity of Money*, Chicago: Aldine Publishing Company.
Friedman M., 1969f, "Money and Business Cycle", in *The Optimum Quantity of Money*, Chicago: Aldine Publishing Company.
Friedman M., 1969g, "The Lag in Effect of Monetary Policy", in *The Optimum Quantity of Money*, Chicago: Aldine Publishing Company.
Friedman M., 1969h, "Monetary Studies of the National Bureau", in *The Optimum Quantity of Money*, Chicago: Aldine Publishing Company.
Fuerst T. S., 1990, "Liquidity, Loanable Funds, and Real Activity", *J. L. Kellogg Graduate School of Management Northwestern University Discussion Paper*, 900.
Galli, R., Hoeven, R., 2001, "Is Inflation Bad for Income Inequality: The Importance of the Initial Rate of Inflation", *ILO Employment Paper*, 29.
Gambacorta L., 2009, "Monetary Policy and the Risk-taking Channel", *BIS Quarterly Review*, December, 43–53.
Garrison R. W., 2001, *Time and Money: Macroeconomics of Capital Structure*, London: Routledge.
Garrison R. W., 2004, "Overconsumption and Forced Savings in the Mises-Hayek Theory of Business Cycle", *History of Political Economy*, 36, 2, 323–349.
Genay H., 2014, "What Is the Impact of a Low Interest Rate Environment on Bank Profitability?", *Chicago Fed Letter*, The Federal Reserve Bank of Chicago, July, 324.
Gereffi G., Fernandez-Stark K., 2011, "Global Value Chain Analysis: A Primer", Center on Globalization, Governance and Competitiveness, Duke University, Durham, N. C., 31.05.2011.
Gilbert D. W., 1933, "The Economic Effects of Gold Discoveries Upon South Africa: 1886–1910", *The Quarterly Journal of Economics*, 47, 4, 553–597.
Goldfajn I., Valdés R. O., 1997, "Capital Flows and the Twin Crises: The Role of Liquidity", *IMF Working Paper*, WP/97/87, July, 1–32.
Gordon R. J., 1981, "Output Fluctuations and Gradual Price Adjustments", *NBER Working Paper Series*, 621.
Gordon R. J., Hall R. E., Parkin M., 1977, "World Inflation and Monetary Accommodation in Eight Countries", *Brookings Papers on Economic Activity*, 2, 409–477.
Gordon R. J., Dew-Becker I., 2005, "Where Did the Productivity Growth Go? Inflation Dynamics and the Distribution of Income", *NBER Working Paper Series*, 11842.
Graham F. D., 1930, *Exchange, Prices, and Production in Hyper-Inflation: Germany, 1920–1923*, New York: Russell & Russell.
Greenspan A., 1997, "Testimony to the House Banking Committee", Q&A session, 05.03.1997.
Greenspan A., 1998, "Income Inequality: Issues and Policy Options", Remarks at a symposium sponsored by the Federal Reserve Bank of Kansas City, Jackson Hole, Wyoming, 28.08.1998.
Greenwood R., Scharfstein D., 2012, "The Growth of Modern Finance", http://ssrn.com/abstract=2162179 (accessed 04.05.2015).
Gregorio J., Lee J-W., 2002, "Education and Income Inequality: New Evidence From Cross-Country Data", *Review of Income and Wealth*, 48, 3, September.

Grossman S., Weiss L., 1983, "A Transactions-Based Model of the Monetary Transmission Mechanism", *The American Economic Review*, 73, 5, 871–880.

Haas R., Lelyveld I., 2011, "Multinational Banks and the Global Financial Crisis. Weathering the Perfect Storm?", *DNB Working Paper*, 322, November, 1–20.

Hagemann H., Trautwein H. M., 1998, "Cantillon and Ricardo effects: Hayek's contributions to business cycle theory", *The European Journal of the History of Economic Thought*, 5, 2, 292–316.

Hagemann R. P., 1982, "The Variability of Inflation Rates across Households Types", *Journal of Money, Credit and Banking*, 14, 4, part 1, 494–510.

Hamilton E. J., 1936, "Prices and Wages at Paris under John Law's System", *The Quarterly Journal of Economics*, 51, 1, 42–70.

Harkness J., 1978, "The Neutrality of Money in Neoclassical Growth Models", *The Canadian Journal of Economics*, 11, 4, 701–713.

Hayek F. A., 1933, "Monetary Theory and the Trade Cycle", in J. Salerno (ed.), *Prices and Production and Other Works: F.A. Hayek on Money, the Business Cycle, and the Gold Standard*, 2008, Auburn, AL: Ludwig von Mises Institute, pp. 1–130.

Hayek F. A., 1935, "Prices and Production", in J. Salerno (ed.), *Prices and Production and Other Works: F.A. Hayek on Money, the Business Cycle, and the Gold Standard*, 2008, Auburn, AL: Ludwig von Mises Institute, pp. 189–329.

Hayek F. A., 1937, "Monetary Nationalism and International Stability", in J. Salerno (ed.), *Prices and Production and Other Works: F.A. Hayek on Money, the Business Cycle, and the Gold Standard*, 2008, Auburn, AL: Ludwig von Mises Institute, pp. 331–422.

Hayek F. A., 1984, "On 'Neutral Money'", in *Money, Capital and Fluctuations: Early Essays*, Chicago: The University of Chicago Press.

Hayek F. A., 1990, *Denationalisation of Money – The Argument Refined. An Analysis of the Theory and Practice of Concurrent Currencies*, London: The Institute of Economic Affairs.

Hayek F. A., 1991, "Richard Cantillon (c. 1680–1734)", in *The Trend of Economic Thinking. Essays on Political Economists and Economic History*", pp. 248–302, in W. W. Bartley III, S. Kresge (eds.), *The Collected Works of F. A. Hayek*, vol. III, London: Routledge.

Heer, B., Maussner, A., 2005, "Distributional Effects of Monetary Policies in a New Neoclassical Model with Progressive Income Taxation", *Computing in Economics and Finance Working Paper*, 12, 1–26.

Heffernan S., 2005, *Modern Banking*, West Sussex: John Wiley & Sons.

Hercovitz Z., 1980, "Money and the Dispersion of Relative Prices", *NBER Working Series*, 431.

Hofmann B., Takáts E., 2015, "International Monetary Spillovers", *BIS Quarterly Review*, September, 105–118.

Hoffmann A., 2009, "An Overinvestment Cycle in Central and Eastern Europe", *MPRA Paper*, 15668.

Hoffmann A., Schnabl G., 2013, "Monetary Nationalism and International Economic Instability", *The Quarterly Journal of Austrian Economics*, 16, 2, 135–164.

Hollenbeck F., 2014, "How Central Banks Cause Income Inequality", 01.02.2014, http://mises.org/daily/6653/How-Central-Banks-Cause-Income-Inequality (accessed 27.08.2015).

Hoppe H. H., 1994, "How Is Fiat Money Possible? – or, The Devolution of Money and Credit", *The Review of Austrian Economics*, 7, 2, 49–74.

Hoppe H. H., 1995, "The Political Economy of Monarchy and Democracy, and the Idea of a Natural Order", *Journal of Libertarian Studies*, 11, 2, 94–121.

Hoppe H. H., 2001, *Democracy, The God That Failed: The Economics and Politics of Monarchy, Democracy, and Natural Order*, New Brunswick, NJ: Transaction Publishers.

Horwitz S., 1994, "Inflation", in P. Boettke (ed.), *The Elgar Companion to Austrian Economics*, Aldershot: Edward Elgar Pub.

Horwitz S., 2003, "The Cost of Inflation Revisited", *The Review of Austrian Economics*, 16, 1, 77–95.

Horwitz S., 2006, "Monetary Disequilibrium Theory and Austrian Macroeconomics", in R. Koppl (ed.), *Money and Markets: Essays in Honor of Leland B. Yeager*, London – New York: Routledge.

Huerta de Soto J., 2006, *Money, Bank Credit, and Economic Cycles*, Auburn, AL: Ludwig von Mises Institute.

Hülsmann J. G., 2008, *The Ethics of Money Production*, Auburn, AL: Ludwig von Mises Institute.

Hülsmann J. G., 2011, "The Structure of Production Reconsidered", *Document de travail du GRANEM*, 2011-09-034.

Hülsmann J. G., 2013, "Fiat Money and the Distribution of Incomes and Wealth", *Document de travail du GRANEM*, 2013–2002–039.

Hume D., 1987a, [1742] "Of Interest", in *Essays, Moral, Political, and Literary*, Indianapolis: Liberty Fund, www.econlib.org/library/LFBooks/Hume/hmMPL27.html#Part%20II,%20Essay%20IV,%20OF%20INTEREST (accessed 07.01.2015).

Hume D., 1987b, [1742] "Of Money", in *Essays, Moral, Political, and Literary*, Indianapolis: Liberty Fund, www.econlib.org/library/LFBooks/Hume/hmMPL.html?chapter_num=31#book-reader (accessed 07.01.2015).

Humphrey T. M., 1991, "Nonneutrality of Money in Classical Monetary Thought", *Economic Review*, 77, 2, 3–15.

Hutchison M. M., Ito T., Westermann F., 2005, "The Great Japanese Stagnation: Lessons for Industrial Countries", *EPRU Working Paper Series*, 13, December, 1–41.

Ireland P. N., 2005, "The Monetary Transmission Mechanism", *Boston College Working Papers in Economics*, 628.

Jansen D. W., Vacaflores D. E., Naufal G. S., 2012, "The Macroeconomic Consequences of Remittances", *International Scholarly Research Network Economics*, 2012, 218071, 1–14.

Jordà Ò., Schularick M., Taylor A. M., 2010, "Financial Crises, Credit Booms, and External Imbalances: 140 Years of Lessons", *NBER Working Paper Series*, 16567, December.

Jordà Ò., Schularick M., Taylor A. M., 2012, "When Credit Bites Back: Leverage, Business Cycles, and Crises", *Working Paper Series*, Federal Reserve Bank of San Francisco, 2011–2027, October.

Jordà Ò., Schularick M., Taylor A. M., 2014, "The Great Mortgaging: Housing Finance, Crises, And Business Cycles", *NBER Working Paper Series*, 20501, September.

Kaczor T., Soszyński K., 2010, *Analiza konsekwencji napływu środków UE na sytuację makroekonomiczną, poziom kursu walutowego i perspektywy wypełnienia kryteriów konwergencji*, Warszawa: Prevision.

Kaufman G. G., 1998, "Central Banks, Asset Bubbles, and Financial Stability", *Federal Reserve Bank of Chicago Working Paper Series*, WP-98–12, 1–57.

Kazakévich V. D., 1934, "The Balance Sheet Situation", in H. P. Willis, J. M. Chapman (eds.), *The Banking Situation: America Post-War Problems and Developments*, New York, Morningside Heights: Columbia University Press, pp. 548–584.

Kemmerer D. L., 1939, "The Colonial Loan-Office System in New Jersey", *Journal of Political Economy*, 47, 6, 867–874.
Kennickell, A.B., 2009, "Ponds and Streams: Wealth and Income in the US, 1989 to 2007", *Finance and Economics Discussion Series*, Federal Reserve Board of Governors, 13.
Kennickell A. B., Starr-McCluer M., 1996, "Household Savings and Portfolio Change: Evidence from the 1983–1989 SCF Panel", *Finance and Economics Discussion Series*, 18, Federal Reserve Board of Governors.
Kent R. P., 1947, *Money and Banking*, New York: Rinehart & Company.
Kessel R. A., Alchian A. A., 1962, "Effects of Inflation", *Journal of Political Economy*", 70, 6, 521–537.
Keynes J. M., 1924, *A Tract on Monetary Reform*, London: Macmillan and Company.
Keynes J. M., 1930, *A Treatise on Money*, New York: Harcourt, Brace and Company.
Keynes J. M., 1936, *The General Theory of Employment, Interest and Money*, New York: Harcourt, Brace and Company.
Khan M. A., Ahmed A., 2007, "Foreign Aid—Blessing or Curse: Evidence from Pakistan", *The Pakistan Development Review*, 46, 3, 215–240.
Kindleberger Ch., 1987, Entry "Bubbles", in J. Eatwell, M. Milgate, P. Newman (eds.), *The New Palgrave: A Dictionary of Economics*, www.dictionaryofeconomics.com/article?id=pde1987_X000227 (accessed 05.08.2015).
Kindleberger Ch., Aliber R., 2005, *Manias, Panics and Crashes: A History of Financial Crises*, 5th edn, New York: John Wiley & Sons.
King R. G., Plosser C. I., 1984, "Money, Credit, and Prices in Real Business Cycle", *The American Economic Review*, 74, 3, 363–380.
Klein J. J., 1965, *Money and the Economy*, New York: Harcourt, Brace and World.
Knakiewicz Z., 1998, "Problemy kreacji pieniądza i regulacji obiegu pieniężnego", *Ruch Prawniczy, Ekonomiczny i Socjologiczny*, LX, 3–4, 163–179.
Kowalczyk-Rólczyńska P., 2013, "Znaczenie polityki kredytowej banku dla inwestycji na rynku nieruchomości mieszkalnych", *Studia ekonomiczne. Zeszyty Naukowe Uniwersytetu Ekonomicznego w Katowicach*, 155, 189–199.
Kumhof M., Rancière R., Winant P., 2013, "Inequality, Leverage and Crises: The Case of Endogenous Default", *IMF Working Paper*, WP/13/249, 1–47.
Laidler D., 1988, "Taking Money Seriously", *The Canadian Journal of Economics*, 21, 4, 687–713.
Laidler D., 2010, "The Monetary Economy and the Economic Crisis", *EPRI Working Paper Series*, 2010–2011.
Laidler D., Parkin, M., 1975, "Inflation: A Survey", *The Economic Journal*, 85, 345, 741–809.
Lal D., n.d., "Foreign Aid", *The Concise Encyclopedia of Economics*, www.econlib.org/library/Enc/ForeignAid.html (accessed 20.01.2014).
Lange O., 1961, "Prawo Saya: nowe sformułowanie i krytyka", in *Pisma ekonomiczne i społeczne 1930–1960*, Warszawa: PWN.
Ledoit O., 2011, "The Redistributive Effects of Monetary Policy", *University of Zurich Department of Economics Working Paper Series*, 44.
Lee C-K., Kang S., 1998, "Measuring Earnings Inequality and Median Earnings in the Tourism Industry", *Tourism Management*, 19, 4, 341–348.
Leroy-Beaulieu P., 1914, *Traité théorique et pratique d'économie politique*, 6th edition, vol. IIII, Paris: Felix Alcan.
Li H., Zou, H-F., 2002, "Inflation, Growth, and Income Distribution: A Cross-Country Study", *Annals of Economics and Finance*, 3, 85–101.

Lin K-H., Tomaskovic-Devey D., 2013, "Financialization and U.S. Income Inequality, 1970–2008", *American Journal of Sociology*, 118, 5, 1284–1329.

Lucas R. E.Jr., 1972, "Expectations and the Neutrality of Money", *Journal of Economic Theory*, 4, 2, 103–124.

Lucas R. E.Jr., 1996, "Nobel Lecture: Monetary Neutrality", *Journal of Political Economy*, 104, 4, 661–682.

Machaj M., 2012, *Krótki przewodnik po teorii pieniądza*, http://mises.pl/blog/2012/03/29/machaj-krotki-przewodnik-po-teorii-pieniadza/ (accessed 28.01.2013).

Machaj M., 2015, "The Interest Rate and the Length of Production: An Attempt at Reformulation", *Quarterly Journal of Austrian Economics*, 18, 3, 272–293.

Machlup F., 1932, "The Liquidity of Short-Term Capital", *Economica*, 37, August.

Machlup F., 2013 [1940], *Giełda, kredyt, kapitał. Fundamenty rynku papierów wartościowych*, trans. M. Falkowski,Warszawa: Fijorr Publishing.

Maddock R., McLean I., 1984, "Supply-Side Shocks: The Case of Australian Gold", *The Journal of Economic History*, 44, 4, 1047–1067.

Maestri V., Roventini A., 2012, "Inequality and Macroeconomic Factors: A Time-series Analysis for a Set of OECD Countries", *LEM Working Paper Series*, 21.

Mankiw G., 1985, "Small Menu Costs and Large Business Cycles: A Macroeconomic Model of Monopoly", *The Quarterly Journal of Economics*, 100, 2, 529–538.

Mankiw N. G., 2011, *Principles of Macroeconomics*, 6th edn, Mason, OH: South-Western Cengage.

May A. W., 1934, "Banks and the Securities Market", in H. P. Willis, J. M. Chapman (eds.), *The Banking Situation: America Post-War Problems and Developments*, New York, Morningside Heights: Columbia University Press, pp. 610–633.

May A. W., 1935, "Investment in Securities", in H. P. Willis, J. M. Chapman, *The Economics of Inflation: The Basis of Contemporary American Monetary Policy*, New York: Morningside Heights Columbia University Press, pp. 288–308.

McCallum B., 1986, "On 'Real' and 'Sticky Price' Theories of the Business Cycles", *Journal of Money, Credit and Banking*, 18, 4, 397–414.

McCauley R., McGuire P., Sushko V., 2015, "Global Dollar Credit: Links to US Monetary Policy and Leverage", *BIS Working Papers*, 483, January, 1–31.

McKinney R., 2014, "Fiat Money and Business Cycles in Emerging Markets", 14.03.2014, https://mises.org/library/fiat-money-and-business-cycles-emerging-markets (accessed 01.10.2015).

McLeay M., Radia A., Thomas R., 2014a, "Money in the Modern Economy: An Introduction", *Bank of England Quarterly Bulletin*, Q1 2014.

McLeay M., Radia A., Thomas R., 2014b, "Money Creation in the Modern Economy", *Bank of England Quarterly Bulletin*, Q1 2014.

Meeks R., Nelson B., Alessandri P., 2013, "Shadow Banks and Macroeconomic Instability", *The Bank of Italy Working Paper*, 939, November.

Mersch Y., 2014, "Monetary Policy and Economic Inequality", Speech at Corporate Credit Conference, Zurich, 17.10.2014, www.ecb.europa.eu/press/key/date/2014/html/sp141017_1.en.html (accessed 29.04.2015).

Mill J. S., 1967, [1833] "The Currency Juggle", in J. M. Robson (ed.), *The Collected Works of John Stuart Mill, Volume IV - Essays on Economics and Society Part I*, Toronto: University of Toronto Press; London: Routledge and Kegan Paul.

Mill J. S., 2009, [1848] *Principles of Political Economy*, New York: D. Appleton and Company.

Mills F., 1946, *Price-Quantity Interactions in Business Cycles*. New York: NBER.
Mises L., 1953, [1912] *The Theory of Money and Credit*, New Haven: Yale University Press.
Mises L., 1998, [1949] *Human Action. A Treatise on Economics*, Auburn, AL: Ludwig von Mises Institute.
Mises L., 1990, "The Non-Neutrality of Money", in R. Ebeling (ed.), *Money, Method, and the Market Process: Essays by Ludwig von Mises*, Norwel, MA: Kluwer Academic Publishers, pp. 69–77.
Mishkin F., 1995, "Symposium on the Monetary Transmission Mechanism", *The Journal of Economic Perspectives*, 9, 4, 3–10.
Mishkin F., 2001, "The Transmission Mechanism and the Role of Asset Prices in Monetary Policy", *NBER Working Paper Series*, 8617, December, 1–21.
Mitchell W. F., 1923, "The Institutional Basis for the Shiftability Theory of Bank Liquidity", *The University of Journal of Business*, 1, 3, 334–356.
Mohanty M. S., 2014, "The Transmission of Unconventional Monetary Policy to the Emerging Markets", *BIS Papers*, 78, 1–24.
Morgenstern O., 1972, "Thirteen Critical Points in Contemporary Economic Theory: An Interpretation", *Journal of Economic Literature*, 10, 4, 1163–1189.
Moulton H. G., 1935, *The Formation of Capital*, Washington DC: The Brookings Institution.
Mueller A. P., 2001, "Financial Cycles, Business Activity, and the Stock Market", *The Quarterly Journal of Austrian Economics*, 4, 1, Spring, 3–21.
Mukherjee S., 2005, *Modern Economic Theory*, 4th edn, New Delhi: New Age International Publishers.
Mulligan C. B., Sala-i-Martin X., 2000, "Extensive Margins and the Demand for Money at Low Interest Rates", *Journal of Political Economy*, 108, 5, October, 961–991.
Murphy A., 1986, *Richard Cantillon: Entrepreneur and Economist*, Oxford: Clarendon Press.
Neary P. J., 1982, "Real and Monetary Aspects of the 'Dutch Disease'", *University College Dublin Centre for Economic Research Working Paper Series*, 5.
Nenovsky N., 2002, "Improving Monetary Theory in Post-communist Countries – Looking Back to Cantillon", *Bulgarian National Bank Discussion Papers*, DP/28/2002.
O'Driscoll G. P.Jr., 2008, "Asset Bubbles and Their Consequences", *Cato Institute Briefing Papers*, 103, 1–10.
O'Driscoll G.Jr., Rizzo M., 1996, *The Economics of Time and Ignorance*, London – New York: Routledge.
OECD, 2008, *Is it ODA?*, www.oecd.org/dac/stats/34086975.pdf (accessed 10.11.2015).
OECD, 2011, "An Overview Of Growing Income Inequalities in OECD Countries: Main Findings", in *Divided We Stand: Why Inequality Keeps Rising*, Paris: OECD Publishing.
OECD, 2015, *Development Aid at a Glance Statistics by Region*, Paris: OECD Publishing, www.oecd.org/dac/stats/documentupload/1%20World%20-%20Development%20Aid%20at%20a%20Glance%202015.pdf (accessed 10.01.2016).
Okina K., Shirakawa M., Shiratsuka S., 2000, "The Asset Price Bubble and Monetary Policy. Japan's Experience in the Late 1980s and the Lessons", *IMES Discussion Paper Series*, Bank of Japan, 2000-E-12, 1–69.
Oliner S. D., Rudebusch G. D., 1996, "Monetary Policy and Credit Conditions: Evidence from the Composition of External Finance: Comment", *The American Economic Review*, 86, 1, 300–309.

Oppenheimer F., 1926, *The State*, New York: Vanguard Press.

Osterfeld D., 1990, "The Failures and Fallacies of Foreign Aid", *The Freeman*, 40, 2, 65–71.

Ostry D., Berg A., Charalambos G. T., 2014, "Redistribution, Inequality, and Growth", *IMF Staff Discussion Note*, April.

Paish F. W., 1936, "Banking Policy and the Balance of International Payments", *Economica*, New Series, 3, 12, November, 404–422.

Palley, T. I., 2007, "Financialization: What It Is and Why It Matters", *The Levy Economics Institute Working Paper*, 525.

Patinkin D., 1969, "The Chicago Tradition, the Quantity Theory, and Friedman", *Journal of Money, Credit and Banking*, 1, 1, 46–70.

Philips Ch. A., McManus T. F., Nelson R.W., 1937, *Banking and the Business Cycle: A Study of the Great Depression in the United States*, New York: The Macmillan Company.

Piachaud D., 1978, *Inflation and Income Distribution*, in R. Hirsh, J. H. Goldthorpe (eds.), *The Political Economy of Inflation*, Cambridge: Harvard University Press.

Piketty T., 2014, *Capital in the Twenty-First Century*, Cambridge, MA: Harvard University Press.

Piketty T., Saez E., 2003, "Income Inequality in the United States, 1913–1998", *Quarterly Journal of Economics*, 118, 1, 1–39.

Piracha M., Zhu Y., 2007, "Precautionary Savings by Natives and Immigrants in Germany", *Institute for the Study of Labor Discussion Paper*, 2942.

Plosser C. I., 1990, "Money and Business Cycles: A Real Business Cycle Interpretation", *NBER Working Paper Series*, Working Paper, 3221.

Prithard L. I., 1964, *Money and Banking*, 2nd edn, New York: Houghton Mifflin Company.

Radice E. A., 1935, "Inflation and The Distribution of Income", in H. P. Willis, J. M. Chapman (eds.), *The Economics of Inflation: The Basis of Contemporary American Monetary Policy*, New York, Morningside Heights: Columbia University Press, pp. 237–267.

Rajan R. G., Subramanian A., 2009, "Aid, Dutch Disease, and Manufacturing Growth", *Center for Global Development Working Papers*, 196.

Raskin S. B., 2013, "Aspects of Inequality in the Recent Business Cycle", 22nd Annual Hyman P. Minsky Conference on the State of the U.S. and World Economies "Building a Financial Structure for a More Stable and Equitable Economy", New York, New York, 18.04.2013.

Reinhart C. M., Reinhart V. R., 2008, "Capital Flow Bonanzas: An Encompassing View of the Past and Present", *NBER Working Paper Series*, 14321, September, 1–68.

Robbins L., 1934, *The Great Depression*, Auburn, AL: The Ludwig von Mises Institute.

Robinson J., 1970, "Quantity Theories Old a New: Comment", *Journal of Money, Credit and Banking*, 2, 4, 504–512.

Rognlie M., 2015, "Deciphering the Fall and Rise in the Net Capital Share", *Brookings Papers on Economic Activity*, www.brookings.edu/~/media/projects/bpea/spring-2015/2015a_rognlie.pdf (accessed 27.10.2015).

Romer, C. D., Romer, D. H., 1998, "Monetary Policy and the Well-Being of the Poor", *NBER Working Paper Series*, 6793.

Roske R. T., 1963, "The World Impact of the California Gold Rush 1849–1867", *Arizona and the West*, 5, 3, 187–232.

Rothbard M. N., 2009, [1962] *Man, Economy, and State with Power and Market*, 2nd ed., Auburn, AL: Ludwig von Mises Institute.

Rothbard M. N., 2000, [1963] *America's Great Depression*, 5th edn, Auburn, AL: Ludwig von Mises Institute.

Rothbard M. N., 2010, [1963] *What Has Government Done to Our Money?*Auburn, AL: Ludwig von Mises Institute.

Rothbard M. N., 2006, [1995] "Richard Cantillon: The Founding Father of Modern Economics", in *An Austrian Perspective on the History of Economic Thought*, vol. 1, *Economic Thought Before Adam Smith*, Auburn, AL: Ludwig von Mises Institute, pp. 343–362.

Rzońca A., 2014, *Kryzys banków centralnych. Skutki stopy procenowej bliskiej zera*, Warszawa: Wydawnictwo C.H.Beck.

Saiki A., Frost J., 2014, "How Does Unconventional Monetary Policy Affect Inequality? Evidence from Japan", *DNB Working Paper*, 423, May.

Saito O., 2010, "Income Growth and Inequality over the Very Long Run: England, India and Japan Compared", Slavic Research Center, http://mercury.ethz.ch/serviceengine/Files/ISN/132651/ichaptersection_singledocument/433d28d9-f0a0-4cdf-83ed-60709e5e460a/en/P1-C1_Saito.pdf (accessed 07.01.2016).

Salerno J. T., 1994, "Ludwig von Mises's monetary theory in light of modern monetary thought", *The Review of Austrian Economics*", 8, 1, 71–115.

Salerno J. T., 2012, "A Reformulation of Austrian Business Cycle Theory in Light of the Financial Crisis", *Quarterly Journal of Austrian Economics*, 17, 1, 3–44.

Samuelson P. A., 1968, "What Classical and Neoclassical Monetary Theory Really Was", *The Canadian Journal of Economics*", 1, 1, 1–15.

Saving T., 1973, "On the Neutrality of Money", *Journal of Political Economy*, 81, 1, 98–119.

Scherbina A., 2013, "Asset Price Bubbles: A Selective Survey", *IMF Working Paper*, WP/13/45, 1–40.

Schnabl G., Hoffmann A., 2007, "Monetary Policy Vagabonding Liquidity and Bursting Bubbles in New and Emerging Markets – an Overinvestment View", *CESifo Working Paper*, September, 2100, 1–26.

Schnabel I., Shin H. S., 2006, "The Kipper und Wipperzeit and the Foundation of Public Deposit Banks", *Max Planck Institute Working Paper*.

Schumpeter J., 2006, *History of Economic Analysis*, Taylor & Francis e-Library.

Shah K., Gupta V., 2000, "Tourism, the Poor and Other Stakeholders: Asian Experience", *ODI Fair-Trade in Tourism Paper*, London: ODI.

Shere L., 1935, "Public Debt as the Basis for Federal Reserve Bank Credit", in H. P. Willis, J. M. Chapman (eds), *The Economics of Inflation: The Basis of Contemporary American Monetary Policy*, New York: Morningside Heights Columbia University Press, pp. 868–890.

Shin H. S., 2011, "Global Banking Glut and Loan Risk Premium", paper presented at The 12th Jacques Polak Annual Research Conference, IMF, Washington, DC, 10–11 November.

Shin H. S., 2013, "The Second Phase of Global Liquidity and Its Impact on Emerging Economies", Evening Keynote Address, Asia Economic Policy Conference, Federal Reserve Bank of San Franscisco, 3–5 November.

Sieroń A., 2012, "Czy w standardzie złota możliwy jest cykl koniunkturalny", http://rynekzlota24.pl/poradnik-inwestycyjny/czy-w-standardzie-zlota-mozliwy-jest-cykl-koniunkturalny (accessed 01.03.2013).

Sieroń A., 2013, "Czym jest Bitcoin?", *Ekonomia. Wrocław Economic Review*, 19, 4, 31–51.

Sieroń A., 2014, "Money Neutrality", *Studia Ekonomiczne*, 80, 1, 88–107.

Sieroń A., 2015a, "Cantillon Effect", *Optimum. Studia ekonomiczne*, 74, 2, 68–87.

Sieroń A., 2015b, "Classification of the Cantillon Effect", *Ekonomia. Wrocław Economic Review*, 21, 4, 17–41.

Sieroń A., 2015c, "Disaggregating the Credit Expansion: The Role of Changes in Banks' Asset Structure in the Business Cycle", *Quarterly Journal of Austrian Economics*, 18, 3, 247–271.

Sieroń A., 2015d, "Inflacyjne skutki wydatków turystycznych", in A. Dłużewska, G. Iwanicki (eds.), *Geograficzne i ekonomiczne uwarunkowania rozwoju turystyki*, Lublin – Krosno: Armagraf, pp. 167–178.

Sieroń A., 2016, "Pieniądze z helikoptera", Instytut Misesa, 09.09.2016, http://mises.pl/blog/2016/09/09/sieron-pieniadze-helikoptera/ (accessed 01.05.2017).

Sieroń A., 2017, "Inflation and Income Inequality", *Prague Economic Papers*, https://doi.org.10.18267/j.pep.630 (accessed 27.09.2017).

Sinn H-W., 2011, "Germany's Capital Exports under the Euro", 02.08.2011, www.voxeu.org/article/germany-s-capital-exports-under-euro (accessed 20.10.2015).

Sinn H-W., Wollmershaeuser T., 2011, "Target Loans, Current Account Balances And Capital Flows: The ECB's Rescue Facility", *NBER Working Paper Series*, 17626, November, 1–40.

Skousen M., 1990, *The Structure of Production*, New York & London: New York University Press.

Smith A., 1904, [1776] *An Inquiry into the Nature and Causes of the Wealth of Nations*, London: Methuen & Co..

Spencer R. W., Yohe W. P, 1970, "The 'Crowding Out' of Private Expenditures by Fiscal Policy Actions", *Federal Reserve Bank of St. Louis Review*, October, 12–24.

Spufford P., 1988, *Money and Its Use in Medieval Europe*, Cambridge: Cambridge University Press.

Steiner W. H., Shapiro E., Salomon E., 1958, *Money and Banking*, 4th edn, New York: Henry Holt and Company.

Stewart L. A., Atkinson R. D., 2013, "Restoring America's Lagging Investment in Capital Goods", *The Information Technology and Innovation Fundation*, 04.10.2013, www.itif.org/publications/2013/10/04/restoring-americas-lagging-investment-capital-goods (accessed 20.10.2015).

Subramanian A., 2014, "International Impacts of the Federal Reserve's Quantitative Easing Program", Testimony submitted to the House Committee on Financial Services Subcommittee on Monetary Policy and Trade, January 9.

Taylor J. B., 2007, "Housing and Monetary Policy", *NBER Working Paper Series*, 13682, 1–16.

The World Bank, 2010, *Global Economic Prospects. Crisis, Finance, and Growth*, Washington, DC: The International Bank for Reconstruction and Development / The World Bank.

The World Bank, 2015a, *Global Economic Prospects. The Global Economy in Transition*, Washington, DC: The International Bank for Reconstruction and Development / The World Bank.

The World Bank, 2015b, *After the Commodities Boom – What Next for Low-Income Countries?, Special Feature 2 to Global Economic Prospects. The Global Economy in Transition*, Washington, DC: The International Bank for Reconstruction and Development / The World Bank.

Thornton M., 1998, "Richard Cantillon and the Origin of Economic Theory", *Journal des Economistes et des Etudes Humaines*, 8, 1, March, 61–74.

Thornton M., 2006, "The Economics of Housing Bubbles", in B. Powell, R. Holcombe (eds.), *America's Housing Crisis: A Case of Government Failure*, Oakland, CA: Independent Institute.

Thornton M., 2013, "A Possible Identification for Largillière's Family Portrait: Artist and Family", http://citeseerx.ist.psu.edu/viewdoc/summary;jsessionid=6D3FB6794F8691E5AC4AE8BBC75958AB?doi=10.1.1.295.5163 (accessed 17.05.2017).

Thornton M., Saucier Ch., 2010, "Introduction", in R. Cantillon, [1755] 2010, *An Essay on Economic Theory, An English Translation of Richard Cantillon's Essai sur la Nature du Commerce en Général*, Auburn, AL, Ludvig von Mises Institute, pp. 13–17.

Treeck T., 2012, "Did Inequality Cause the US Financial Crisis?", *Macroeconomic Policy Institute Working Paper*, Düsseldorf, 91, April.

Turner A., 2010, "What Do Banks Do? Why Do Credit Booms and Bust Occur and What Can Public Policy Do About It?", in *The Future of Finance: The LSE Report*, London: London School of Economics and Political Science.

Vining D. R.Jr., Elwertowski T. C., 1976, "The Relationship between Relative Prices and the General Price Level", *The American Economic Review*, 66, 4, 699–708.

Visser H., 2002, "Neutrality of Money", in B. Snowdon, H. R. Vane (eds.), *An Encyclopedia of Macroeconomics*, Cheltenham: Edward Elgar Publishing.

Wagner R. E., 1980, "Boom and Bust: The Political Economy of Economic Disorder", *The Journal of Libertarian Studies*, IV, 1, 1–37.

Wagner R. E., 1986, "Central Banking and The Fed: A Public Choice Perspective", *Cato Journal*, 6, 2, Autumn, 519–543.

Wagner R. E., 2001, "Debt, Money and Public Finance", in R. E. Wagner, J. G. Backhaus (eds.), *Handbook of Public Finance*, Boston: Kluwer Academic Publishers.

Weber M., 2004, [1919] "Politics as a Vocation", in D. Owen, T. B. Strong (eds.), *The Vocation Lectures*, trans. R. Livingstone, Indianapolis, Indiana: Hackett Publishing Company, pp. 32–94.

White E. N., 2009, "Lessons from the Great American Real Estate Boom and Bust of the 1920s", *NBER Working Paper Series*, 15573.

White L., 2009, "Federal Reserve Policy and the Housing Bubble", *Cato Journal*, 29, 1, Winter, 115–125.

Wicksell K., 1978, *Lectures on Political Economy, Volume Two: Money*, Fairfield, NJ: Augustus M. Kelley Publishers.

Williamson J. G., 1985, *Did British Capitalism Breed Inequality?*, Boston: Allen & Unwin.

Willis H. P., Chapman J. M., 1934, "Bank Portfolios and Bank Operations", in *The Banking Situation: America Post-War Problems and Developments*, New York, Morningside Heights: Columbia University Press, pp. 517–534.

Wilson D., 1976, "The Impact of Tourism in Seychelles", *Joint UNESCO/IBRD Seminar on Social and Cultural Impacts of Tourism*, Washington, 8–10 December, pp. 1–34.

Wilson G. W., 1982, *Inflation: Causes, Consequences and Cures*, Bloomington, IN: Indiana University Press.

Wolff E. N., 2010, "Recent Trends in Household Wealth in the United States: Rising Debt and the Middle-Class Squeeze – an Update to 2007", *The Levy Economics Institute Working Paper*, 589.

Wolff E. N., 2012, "The Asset Price Meltdown and the Wealth of the Middle Class", *NBER Working Paper Series*, 18559, November.

Yeager L., 1997, "The Costs, Sources, and Control of Inflation", in L. Yeager, *The Fluttering Veil: Essays on Monetary Disequilibrium*, Indianapolis: Liberty Fund, pp. 33–84.

Yellen J., 2014, "Perspectives on Inequality and Opportunity from the Survey of Consumer Finances", Conference on Economic Opportunity and Inequality, Federal Reserve Bank of Boston, Boston, Massachusetts, 17.10.2014.

Yeşin P., 2013, "Foreign Currency Loans and Systemic Risk in Europe", *Federal Reserve Bank of St. Louis Review*, 95, 3, May/June, 219–235.

Yilmazkuday H., n.d., *Post Keynesian Monetary Theory*, www2.fiu.edu/~hyilmazk/teaching_files/post_keynesian_monetary_theory.pdf (accessed 07.02.2013).

Zajder M., 2008, "Operacje otwartego rynku i nadpłynność polskiego sektora bankowego w świetle realizacji założeń polityki pieniężnej NBP po 2003 r. – lata 2004–2006", *Zeszyty Studiów Doktoranckich*, no. 44, Wydział Ekonomii, AkademiaEkonomiczna w Poznaniu, pp. 51–72.

Zijp R., Visser H., 1992, "Mathematical Formalization and the Analysis of Cantillon Effects", *Research Memorandum*, 2, VU University Amsterdam, Faculty of Economics, Business Administration and Econometrics.

Zijp R., Visser H., 1994, "Mathematical Formalization and the Domain of Economics: The Case of Hayek and New Classical Economics", in R. Zijp, J. Birner (eds.), *Hayek, Co-Ordination and Evolution*, London – New York: Routledge.